Scoprire i Giochi Gratuiti Online

Disponibile Qui:

BestActivityBooks.com/FREEGAMES

5 CONSIGLI PER INIZIARE

1) COME RISOLVERE LE PAROLE INTRECCIATTE

I puzzle hanno un formato classico:

- Le parole sono nascoste senza spazi o trattini,...
- Orientamento: Le parole possono essere scritte in avanti, indietro, verso l'alto, verso il basso o in diagonale (possono essere invertite).
- Le parole possono sovrapporsi o intersecarsi.

2) APPRENDIMENTO ATTIVO

Accanto ad ogni parola c'è uno spazio per scrivere la traduzione. Per incoraggiare l'apprendimento attivo, un **DIZIONARIO** alla fine di questa edizione vi permetterà di controllare e ampliare le vostre conoscenze. Cerca e scrivi le traduzioni, trovale nel puzzle e aggiungile al tuo vocabolario!

3) SEGNARE LE PAROLE

Puoi inventare il tuo sistema di segni. Forse ne usi già uno? Per esempio, puoi segnare le parole difficili da trovare con una croce, le parole preferite con una stella, le parole nuove con un triangolo, le parole rare con un diamante, e così via.

4) STRUTTURARE L'APPRENDIMENTO

Questa edizione offre un **TACCUINO** alla fine del libro. In vacanza, in viaggio o a casa, puoi organizzare facilmente le tue nuove conoscenze senza bisogno di un secondo quaderno!

5) AVETE FINITO TUTTE LE GRIGLIE?

Nelle ultime pagine di questo libro, nella sezione della **SFIDA FINALE**, troverete un gioco gratuito!

Facile e veloce! Dai un'occhiata alla nostra collezione di libri di attività per il tuo prossimo momento di divertimento e **apprendimento,** a portata di clic!

Trova la tua prossima sfida su:

BestActivityBooks.com/MioProssimoLibro

Ai vostri posti, pronti...Via!

Sapevi che ci sono circa 7.000 lingue diverse nel mondo? Le parole sono preziose.

Amiamo le lingue e abbiamo lavorato duramente per creare libri di altissima qualità. I nostri ingredienti?

Una selezione di argomenti adatti all'apprendimento, tre buone porzioni di intrattenimento, una cucchiaiata di parole difficili e una spolverata di parole rare. Li serviamo con amore e entusiasmo in modo che tu possa risolvere i migliori giochi di parole e divertirti imparando!

La vostra opinione è essenziale. Puoi partecipare attivamente al successo di questo libro lasciandoci un commento. Ci piacerebbe sapere cosa ti è piaciuto di più di questa edizione.

Ecco un link veloce alla pagina dell'ordine:

BestBooksActivity.com/Recensione50

Grazie per il vostro aiuto e buon divertimento!

Tutta la squadra

1 - Scacchi

パ	ズ	キ	イ	ゲ	写	物	ジ	芸	学	法	戦	シ	芸
物	ッ	プ	レ	ー	ヤ	ー	課	時	間	ぶ	略	パ	釣
影	ム	シ	読	ム	コ	キ	題	芸	ジ	編	た	興	イ
ゼ	活	書	ブ	陶	白	ン	影	エ	パ	園	ポ	め	真
ル	ー	ル	ー	園	い	グ	テ	真	レ	ポ	イ	ズ	に
パ	ブ	ラ	ッ	ク	園	ゼ	グ	ス	物	絵	ン	ー	園
写	り	真	絵	狩	物	陶	賢	い	ト	対	ト	チ	園
園	グ	ク	ル	動	味	物	相	喜	イ	角	ゲ	ャ	釣
味	び	品	ン	写	画	編	手	キ	影	ジ	釣	ン	リ
撮	絵	法	ダ	パ	キ	編	ハ	び	ジ	ラ	ゼ	ピ	興
ト	ー	ナ	メ	ン	ト	魔	シ	び	ー	パ	ダ	オ	パ
シ	ハ	ズ	物	味	ダ	動	ゼ	書	編	園	喜	ン	プ
犠	ゲ	ダ	品	ハ	り	真	撮	書	書	興	読	ル	ダ
牲	魔	ャ	猟	真	真	リ	園	女	王	猟	画	ム	び

相手	学ぶために
白い	ポイント
チャンピオン	キング
コンテスト	女王
対角	ルール
プレーヤー	犠牲
ゲーム	課題
賢い	戦略
ブラック	時間
パッシブ	トーナメント

2 - Strumenti

```
の 陶 動 シ グ ゼ キ ジ 画 ス ロ 読 レ ハ
シ り 品 ャ 書 マ レ ッ ト テ ー ズ ハ ク
ズ 影 ジ ベ ズ ー 園 ダ ャ ー プ 喜 ン ル
ケ ー ブ ル ー ラ 狩 魔 プ チ ゲ マ ズ
び 活 キ ャ 読 ン 活 猟 読 ラ 興 ャ ー 魔
ね び 読 は し ご 法 ジ ダ ー 活 り 編 品
じ 釣 キ さ 品 ン 影 書 ク 興 ジ ク ム
キ 影 か み そ り ハ エ 陶 活 影 ラ 園 ル
陶 影 写 物 ゲ 狩 品 法 狩 ゲ び 法 み ク
ル ク 陶 エ キ ク 影 ナ ホ ル ン グ 影 陶
シ イ ン 活 み 物 パ イ イ ハ 書 イ 園 品
ジ 編 斧 り 興 エ 絵 フ ー ペ ン チ 物 ハ
シ イ り 芸 ル レ 書 イ ル プ グ 画 猟 び
品 品 影 物 イ 喜 シ パ 陶 キ 猟 ジ リ レ
```

ケーブル　　　　　　シャベル
のり　　　　　　　　ペンチ
ナイフ　　　　　　　かみそり
ロープ　　　　　　　ルーラー
ステープラー　　　　ホイール
はさみ　　　　　　　はしご
マレット　　　　　　トーチ
ハンマー　　　　　　ねじ

3 - Aggettivi #2

```
クリエイティブ強ダレ物真編キ
シ画工喜オエ塩辛い責編工動動
ー撮法ルー物プゼ品任法ャみ物
法ハ空腹センジ誇法者説明書編
編ゲゲパンハみ釣り狩クジハ撮
生シ狩ンテジダ陶ハりナムシ園
リ産絵クィ味レり任エンチ品編ジり
法編的写ッ動リ正レシューピり
絵活有レクシゲ常ガドライュり
新着名陶物喜ル猟ン面ルシア魔
工釣なリハエイ動ト白写芸読イ
読陶レ書園レり読甘いャ活画ダ
喜写ー元気絵園動味ダ劇真釣ゼ
興シ喜魔撮パりレ編陶的エー品
```

空腹	面白い
ドライ	ナチュラル
オーセンティック	正常
クリエイティブ	新着
説明	誇り
甘い	生産的
劇的	ピュア
エレガント	責任者
有名な	塩辛い
強い	元気

4 - Mobili

プ	ハ	園	り	ベ	ダ	ャ	陶	法	本	ム	り	イ	ャ
法	ン	ン	喜	ン	ム	ー	芸	芸	棚	鏡	動	陶	レ
ゲ	影	ン	モ	チ	ハ	狩	猟	狩	ー	猟	動	カ	ャ
布	団	魔	戸	ッ	画	ン	ゲ	絵	味	イ	編	ー	芸
ム	ゼ	釣	物	棚	ク	グ	味	み	マ	絵	ゼ	テ	ソ
品	芸	釣	撮	喜	魔	ダ	ク	ッ	シ	ョ	ン	ン	フ
パ	魔	画	品	ラ	ア	動	ズ	園	ト	枕	ゼ	動	ァ
ベ	イ	写	キ	グ	ー	絵	法	撮	レ	味	ゼ	シ	ー
興	ッ	み	陶	ラ	ム	リ	喜	ー	ス	釣	読	棚	真
ー	リ	ド	り	写	チ	机	椅	ラ	ン	プ	猟	画	喜
ズ	ク	ー	陶	書	ェ	物	子	シ	ン	ズ	魔	ー	み
イ	ズ	り	味	猟	ア	陶	画	画	画	撮	イ	画	レ
味	釣	画	興	ハ	ム	品	ク	ラ	絵	動	書	品	レ
ク	書	ル	ン	エ	活	真	猟	ル	キ	イ	パ	物	影

ハンモック	本棚
戸棚	マットレス
クッション	ベンチ
ソファ	アームチェア
布団	椅子
ランプ	ラグ
ベッド	カーテン

5 - Pesca

ゼ	園	ボ	書	猟	ジ	レ	園	ャ	ク	み	ン	び	ズ
プ	ラ	ー	芸	写	ル	エ	釣	ハ	書	書	海	リ	レ
ズ	ク	ト	リ	活	品	プ	書	狩	レ	活	洋	ジ	ャ
品	書	シ	陶	釣	り	み	グ	キ	品	法	水	ジ	物
活	レ	ャ	猟	絵	ン	興	顎	ゼ	読	撮	魔	猟	ャ
喜	フ	忍	バ	ス	ケ	ッ	ト	狩	川	エ	園	釣	プ
ー	ィ	耐	ャ	味	ク	リ	陶	プ	ジ	ム	絵	湖	編
絵	ン	ゲ	ゲ	狩	品	編	ズ	ク	リ	書	プ	ン	ゲ
芸	魔	え	画	過	ダ	編	プ	ャ	絵	リ	み	グ	興
重	さ	味	ら	言	魔	陶	ゲ	み	味	陶	ゲ	ム	ン
り	陶	法	季	ジ	ワ	リ	ー	ハ	ム	品	シ	ゼ	エ
び	ゲ	狩	節	餌	書	イ	ン	グ	レ	ル	真	喜	キ
ラ	画	読	写	絵	園	イ	ヤ	ゼ	影	フ	ッ	ク	ラ
ャ	ゲ	物	レ	書	エ	撮	ビ	ー	チ	釣	レ	ム	動

ボート　　　　　　　　　海洋
えら　　　　　　　　　　忍耐
バスケット　　　　　　　重さ
過言　　　　　　　　　　フィン
ワイヤー　　　　　　　　ビーチ
フック　　　　　　　　　季節

6 - Aggettivi #1

ャ	ル	リ	び	法	エ	編	ジ	芸	ダ	園	み	法	ャ
魔	遅	重	い	モ	ダ	ン	ゼ	術	イ	魔	動	パ	薄
活	い	品	写	ズ	ゲ	野	心	的	編	ル	ー	ャ	い
動	シ	り	び	ゼ	狩	撮	ダ	プ	キ	品	釣	び	味
イ	キ	完	全	若	ア	ク	テ	ィ	ブ	活	芸	興
品	リ	び	プ	い	陶	寛	絶	対	プ	読	園	活	魔
釣	喜	ズ	狩	巨	物	ク	大	ャ	正	真	法	貴	法
読	喜	ゲ	物	ズ	大	物	品	な	直	画	り	重	び
品	編	写	ズ	読	な	狩	品	画	読	み	園	要
品	興	喜	イ	イ	エ	キ	ゾ	チ	ッ	ク	芳	園	ラ
狩	ク	ハ	ム	編	ジ	イ	魔	シ	グ	物	香	書	品
ン	品	狩	撮	ャ	活	大	物	猟	み	読	族	深	キ
影	ン	編	レ	パ	影	き	狩	陶	パ	撮	ズ	い	ズ
び	エ	品	同	ー	シ	い	興	味	品	リ	プ	ク	ー

野心的	同一
芳香族	重要
芸術的	遅い
絶対	モダン
アクティブ	正直
巨大な	完全
エキゾチック	重い
寛大な	貴重
若い	深い
大きい	薄い

7 - Geologia

コーラル化火山石英鍾喜間キ地
読ルり品石ハ動ズ撮乳ン影欠震
興エ溶動ゼ猟園石一石ズ喜書泉
読び岩猟陶物工筍リ物ラ層ズ物
み興ー釣ルハ釣ゲイ味ルーグラ
釣園ラプ活塩興ダレル芸ン結イ
カルシウムミネラル工魔シ晶ン
釣びシダリ写画写ジゼキみムイ
動興ダエり喜ゼ猟リ大園ークジ
品品猟シ侵絵ャ高ゲダ陸ャンキ
活物画シ食編動イ原画ダ狩プ魔
ダゼー猟洞プパルルラン味編
陶撮ハ興窟キダク園芸工真ン撮
ラ書ラ絵影酸芸ャレグググジダ

高原　　　　　　　間欠泉
カルシウム　　　　溶岩
洞窟　　　　　　　ミネラル
大陸　　　　　　　石英
コーラル　　　　　石筍
結晶　　　　　　　鍾乳石
侵食　　　　　　　地震
化石　　　　　　　火山

8 - Campeggio

冒	芸	編	写	シ	陶	書	キ	芸	コ	帽	ズ	び	森
険	ャ	プ	写	ク	影	ル	ゼ	ン	子	び	狩	園
影	カ	ン	レ	動	陶	ゼ	ゲ	パ	昆	虫	動	物
月	読	ヌ	ロ	読	写	ハ	編	猟	ス	魔	写	絵	法
テ	ン	ト	ー	書	活	絵	画	品	読	味	写	書	キ
活	読	興	プ	プ	ル	グ	ハ	イ	陶	品	猟	影	ャ
パ	ラ	リ	園	写	ー	シ	ム	ャ	品	ー	読	狩	真
ャ	書	木	狩	猟	画	み	ク	山	シ	リ	ゲ	キ	活
ハ	レ	み	釣	キ	ダ	火	地	物	興	品	芸	ャ	ラ
パ	真	グ	味	ダ	ム	絵	図	写	ラ	写	ハ	ビ	陶
ダ	狩	み	ー	喜	編	法	興	み	陶	味	ン	ン	ラ
楽	し	い	編	狩	エ	キ	エ	芸	味	自	モ	真	芸
撮	興	読	湖	ー	法	エ	撮	魔	物	然	ッ	ダ	園
り	釣	園	プ	撮	真	画	プ	パ	写	ジ	ク	び	ー

ハンモック	帽子
動物	ロープ
冒険	楽しい
コンパス	昆虫
キャビン	地図
狩猟	自然
カヌー	テント

9 - Arti Visive

```
ス パ 写 画 魔 パ 陶 影 味 鉛 筆 ワ ニ ス
ク テ 真 写 イ ー 猟 物 ダ 法 書 釣 グ 猟
プ 画 ン ム ー ス プ ペ 興 ル リ プ 園 ワ
ゼ 釣 喜 シ ゼ ペ ン グ 構 成 ズ キ ッ
ャ 傑 ゲ 写 ル ク グ パ 陶 画 チ ョ ー ク
喜 作 レ ル 動 テ ル イ び 編 グ 撮 粘 ス
絵 リ 活 炭 狩 ィ ク ク ラ 影 編 影 土 影
ダ エ ジ 品 真 ブ 芸 レ ジ レ ゼ 魔 ゼ ゼ
レ 編 魔 パ キ 画 レ 彫 興 ア 動 キ 狩 ー
パ 魔 プ ム 映 絵 撮 味 刻 ー ゲ ム リ レ
イ グ 創 造 性 画 ズ 芸 釣 テ ダ 書 絵 撮
動 ラ 活 ズ 猟 ー 建 築 プ ィ 写 パ 品 り
エ 陶 エ ル 読 み 猟 グ パ ス 味 ゲ 法 ャ
活 ン 園 ゼ 書 イ ム ポ ー ト レ ー ト 物
```

建築	チョーク
粘土	鉛筆
アーティスト	ペン
傑作	絵画
イーゼル	パースペクティブ
ワックス	ポートレート
構成	彫刻
創造性	ステンシル
映画	ワニス
写真	

10 - Tempo

読	ハ	影	興	物	絵	り	世	喜	ー	ャ	時	ゲ	十
プ	ハ	パ	猟	喜	活	園	紀	時	グ	瞬	間	通	年
リ	撮	ラ	ジ	撮	プ	び	グ	計	リ	撮	レ	昨	日
イ	グ	影	グ	カ	ン	年	味	パ	真	り	編	リ	ム
味	興	み	書	レ	イ	品	画	夜	ン	今	芸	分	陶
狩	ー	法	週	ン	ム	釣	絵	法	絵	ゲ	日	撮	み
前	品	絵	キ	ダ	イ	芸	真	ラ	後	ラ	り	ャ	撮
月	活	ハ	狩	ー	プ	品	ダ	真	キ	グ	法	狩	り
パ	狩	ジ	画	シ	芸	ャ	魔	ダ	エ	び	り	パ	興
物	ラ	猟	真	芸	ル	キ	写	ゲ	グ	ゼ	エ	猟	狩
ラ	グ	味	書	影	園	未	シ	書	み	動	真	喜	ダ
昼	狩	編	パ	ジ	陶	来	釣	真	絵	影	レ	み	味
物	シ	陶	陶	ム	写	ャ	画	魔	画	ラ	画	読	編
猟	グ	法	ハ	朝	狩	ゼ	ム	法	ジ	エ	興	絵	ズ

通年	一瞬
カレンダー	今日
十年	時間
未来	時計
昨日	世紀

11 - Astronomia

ロ	放	射	線	星	キ	空	品	ハン	小	ル	ズ	レ
ケ	レ	リ	重	雲	グ	魔	画	シプ	惑	品	グ	画
ッ	プ	星	レ	カ	春	分	宇	イゼ	星	物	ー	レ
ト	天	座	ラ	ク	み	超	画	宙ン	法	リ	地	球
ク	シ	文	ー	法	味	新	銀	宇宙	飛	行	士	月
リ	ラ	ム	学	動	流	星	河	猟天	物	真	ゲ	プ
シ	活	み	ゼ	者	ー	キ	活	り文	釣	園	興	ル
パ	陶	書	ゲ	書	味	釣	ー	絵台	猟	書	猟	写
ー	撮	撮	物	ラ	イ	ズ	動	猟写	ク	活	写	撮
ゾ	デ	ィ	ア	ッ	ク	ジ	リ	画惑	星	ラ	ク	エ
魔	ン	び	猟	真	物	ャ	狩	ク猟	喜	プ	ャ	釣
望	遠	鏡	活	ゲ	グ	真	ー	ラ法	パ	ム	狩	ラ
ゲ	ダ	撮	画	ハ	ゼ	味	ラ	りゃ	シ	リ	釣	ズ
園	ム	ハ	キ	活	リ	ル	リ	イ真	り	絵	ラ	魔

小惑星
宇宙飛行士
天文学者
星座
春分
銀河
重力
流星
星雲

天文台
惑星
放射線
ロケット
超新星
望遠鏡
地球
宇宙
ゾディアック

12 - Circo

び	動	み	編	ズ	パ	グ	プ	パ	キ	喜	味	写	ア
法	釣	ャ	シ	写	レ	エ	園	ジ	ャ	グ	ラ	ー	ク
コ	写	ン	活	プ	ー	影	ダ	猟	び	活	イ	絵	ロ
魔	ス	釣	影	り	ド	ジ	画	ム	動	テ	オ	猟	バ
観	客	チ	狩	釣	イ	ラ	ラ	キ	物	動	ン	読	ッ
釣	ゲ	ケ	ュ	レ	壮	ン	ハ	キ	味	魔	グ	ト	ト
レ	び	ッ	象	ー	リ	観	喜	ゲ	ハ	猟	ン	芸	リ
イ	味	ト	撮	ハ	ム	動	な	猿	レ	写	影	グ	ッ
書	ラ	撮	芸	ラ	音	楽	ャ	読	リ	陶	シ	虎	ク
リ	釣	レ	喜	芸	ピ	キ	動	読	狩	画	プ	読	ク
ル	喜	風	船	魔	エ	編	陶	ル	釣	ゼ	園	魔	法
魔	喜	ジ	絵	編	ロ	狩	ズ	ズ	読	園	グ	ダ	エ
読	ズ	真	レ	ム	活	写	釣	ン	芸	活	ゼ	読	ム
ー	み	撮	ャ	ル	シ	み	法	喜	品	味	編	レ	キ

アクロバット   音楽
動物   風船
チケット   パレード
ピエロ   壮観な
コスチューム   観客
ジャグラー   テント
ライオン   トリック
魔法

13 - Mitologia

原	嫉	妬	ゲ	稲	味	写	喜	ズ	レ	ジ	写	戦	士
プ	型	ャ	興	ズ	妻	強	編	喜	イ	撮	ー	災	害
編	絵	ク	釣	キ	興	さ	編	法	パ	活	興	ャ	画
ラ	行	魔	ル	法	編	法	ー	法	釣	園	ン	シ	レ
ラ	動	リ	ル	プ	レ	ラ	味	り	ダ	シ	影	園	読
グ	活	品	芸	動	レ	ビ	陶	復	魔	イ	陶	ル	ゼ
作	ル	釣	影	不	死	リ	雷	讐	ハ	画	グ	釣	読
成	動	猟	み	レ	影	ン	写	狩	ク	影	猟	真	ズ
興	影	グ	法	芸	味	ス	生	き	物	グ	び	ラ	ジ
ヒ	エ	モ	ン	ス	タ	ー	文	化	パ	魔	法	の	ャ
ル	ー	伝	説	シ	り	真	書	み	ゼ	興	味	ル	び
猟	ジ	ロ	園	モ	ー	タ	ル	ゲ	芸	芸	ル	ラ	ハ
活	味	プ	ー	活	陶	グ	品	ゼ	興	リ	神	々	イ
り	真	編	読	興	陶	シ	ズ	リ	撮	ム	ゼ	読	狩

原型	嫉妬
行動	戦士
生き物	不死
作成	ラビリンス
文化	伝説
災害	魔法の
神々	モータル
ヒーロー	モンスター
強さ	復讐
稲妻	

14 - Piante

エ	ン	ー	狩	花	花	り	陶	魔	豆	活	絵	影	園
育	つ	ジ	ラ	園	弁	レ	画	イ	品	ズ	ン	ー	庭
活	品	編	ラ	物	ー	物	書	味	釣	ャ	ジ	ハ	編
魔	物	法	釣	ル	び	法	絵	根	喜	ク	読	ダ	真
影	木	ャ	芸	ク	り	ー	喜	工	書	び	味	撮	び
ャ	植	ン	工	味	ゲ	ゼ	物	ズ	ク	プ	喜	書	ク
釣	生	画	ー	草	ハ	物	キ	ム	魔	び	ズ	ー	ゲ
影	釣	ジ	ー	真	撮	フ	陶	み	ャ	撮	み	味	り
法	苔	読	法	肥	料	ロ	ル	植	物	学	び	ラ	竹
園	キ	ー	キ	ベ	リ	ー	蔦	サ	ン	パ	味	グ	狩
ハ	工	釣	グ	パ	エ	ラ	森	ボ	ブ	ッ	シ	ュ	物
真	ク	編	シ	園	法	園	書	テ	み	芸	ズ	ン	リ
芸	真	撮	葉	活	書	ク	グ	ン	狩	ダ	味	味	ダ
味	画	芸	読	猟	り	画	プ	ャ	工	画	ム	物	レ

ベリー　　　　　　　　　肥料
植物学　　　　　　　　　フローラ
サボテン　　　　　　　　花弁
ブッシュ　　　　　　　　植生
育つ

15 - Spezie

味	喜	ナ	ム	グ	グ	ル	カ	ズ	写	魔	園	シ	プ
レ	真	ツ	味	塩	ャ	釣	ル	ズ	芸	活	み	ョ	画
画	リ	メ	ル	イ	釣	釣	ダ	プ	ク	ャ	品	ウ	ジ
甘	草	グ	真	ャ	活	味	モ	キ	ル	ダ	み	ガ	ズ
釣	釣	ル	ル	グ	キ	パ	ン	魔	品	プ	サ	パ	法
書	味	魔	パ	ズ	興	パ	ゼ	コ	ジ	真	フ	プ	真
コ	物	エ	味	ズ	タ	ー	メ	リ	ッ	ク	ラ	リ	甘
法	シ	ナ	モ	ン	興	レ	ダ	ア	ゼ	リ	ン	カ	い
バ	猟	ョ	フ	ェ	ン	ネ	ル	ン	ク	画	ハ	イ	ャ
活	ニ	芸	ウ	ダ	狩	興	影	ダ	ミ	カ	ラ	物	写
ア	ン	ラ	シ	猟	品	法	レ	ー	ン	動	レ	シ	ラ
ニ	ニ	プ	み	写	画	ム	イ	苦	い	イ	ー	ー	動
ス	ク	ゼ	陶	写	狩	び	ダ	ハ	喜	猟	画	影	玉
芸	グ	ク	ジ	魔	び	魔	品	り	ラ	法	ラ	写	葱

ニンニク   甘い
苦い   フェンネル
アニス   甘草
シナモン   ナツメグ
カルダモン   パプリカ
玉葱   コショウ
コリアンダー   バニラ
クミン   サフラン
ターメリック   ショウガ
カレー

16 - Numeri

ムダ読キ釣ゼクりセブン活グ真
ジ影ハ魔セロ編びびム物ン十三
ハニ絵九ブ活法小み興絵ゼ五ル
り十読ンイ釣数シズラ園活キ
撮撮読リテ影二芸狩釣法ダク狩
ムりジ魔ィーレーレ魔ク四十狩
真園魔品一味ハ画十十四ル九狩
ム編ム法ン喜ン読園八キハムゲ法
ゲリ撮プ絵ジ味ム動イ狩喜ゲ芸
物陶クリ読クム編ジ十ニパラクン
六十パグ写クみシジ喜ハ狩読ン
パ六びエ味イリャ物ゲ法み影イ
プ編園釣びー書エ写影グ絵キ読
ダエ編撮プシルプャび五ズプ絵

小数　　　　　　　　　　十五
十九　　　　　　　　　　十六
セブンティーン　　　　　セブン
十八　　　　　　　　　　十三
十二　　　　　　　　　　二十
十四　　　　　　　　　　ゼロ

17 - Cioccolato

```
プ ズ グ 法 ク ャ 猟 酸 法 苦 撮 影 真 レ
画 シ 美 ダ 味 陶 ム 化 グ ャ い ラ 品 シ
み 品 味 リ グ ン ム 防 喜 編 ハ 物 グ ピ
シ 興 し リ び ゲ 活 止 り ゼ シ 味 香 り
カ 甘 い カ ハ ャ 画 剤 ズ エ ク ン ー 陶
ラ 成 み り カ 絵 渇 望 エ キ ゾ チ ッ ク
メ 分 撮 グ 物 オ 法 ー ハ ル 真 画 陶 ー
ル ダ 猟 猟 影 り 写 パ ム ク ャ 真 喜 興
味 ャ ャ 陶 グ 猟 園 ル 釣 コ ジ 味 ダ ム
芸 ゼ 魔 イ お 気 に 入 り コ 釣 職 砂 糖
物 釣 真 興 ハ 真 品 び 法 ナ カ 人 ゲ 品
ゲ ジ 活 猟 ン 芸 グ ゲ 真 ッ ロ 興 シ 撮
品 興 リ ル ク み 粉 リ み ツ リ パ 真 み
質 喜 工 編 撮 活 絵 ム ラ ピ ー ナ ッ ツ
```

苦い	美味しい
酸化防止剤	甘い
ピーナッツ	エキゾチック
香り	成分
職人	ココナッツ
渇望	お気に入り
カカオ	品質
カロリー	レシピ
カラメル	砂糖

18 - Guida

ク	シ	道	園	ガ	モ	ガ	速	物	陶	味	書	ブ	真
真	法	ズ	書	ス	ー	レ	度	事	故	動	び	レ	興
芸	ゲ	ズ	写	イ	タ	ー	影	り	影	動	真	ー	読
狩	園	品	撮	魔	ー	ジ	園	ハ	車	魔	ル	キ	芸
絵	物	び	安	ゼ	ゲ	ジ	興	陶	オ	ー	ト	バ	イ
ム	陶	活	全	釣	ハ	ー	注	ラ	イ	セ	ン	ス	ス
グ	ク	絵	性	物	ゲ	絵	興	意	ー	警	燃	ラ	料
ズ	グ	キ	編	み	ゼ	活	猟	味	ハ	察	ル	ー	ズ
興	撮	キ	写	ン	芸	び	魔	絵	レ	読	エ	ゼ	物
興	法	真	歩	行	者	地	ズ	り	品	画	ゲ	真	ャ
ラ	び	ャ	味	陶	書	図	法	ジ	危	ゲ	交	ャ	ル
編	リ	ラ	猟	芸	ズ	ズ	画	グ	険	通	読	編	ー
写	編	園	撮	法	ン	撮	絵	芸	活	味	影	釣	ャ
ゲ	味	影	リ	り	ズ	リ	ク	ラ	真	影	園	芸	ー

注意	オートバイ
バス	モーター
燃料	歩行者
ブレーキ	危険
ガレージ	警察
ガス	安全性
事故	交通
ライセンス	トンネル
地図	速度

19 - Sport

レ	ゲ	撮	プ	ゼ	画	陶	シ	園	リ	動	画	リ	ア
プ	イ	ー	園	コ	ー	チ	ル	ダ	キ	ジ	テ	ニ	ス
読	レ	釣	園	イ	バ	写	画	パ	猟	ゴ	ル	フ	リ
ゲ	読	ー	キ	狩	エ	ス	ー	ジ	喜	ダ	動	芸	ー
喜	ー	絵	ヤ	園	り	喜	ケ	ハ	レ	ズ	陶	園	ト
芸	び	ム	ズ	ー	リ	グ	園	ッ	法	ゲ	ラ	ー	イ
り	自	転	車	ル	画	ム	ゲ	味	ト	ル	ー	ー	法
陶	ー	写	イ	園	審	判	野	動	シ	ボ	ジ	興	ク
パ	体	操	ズ	物	狩	り	球	き	ン	チ	ダ	ダ	味
書	ラ	ラ	興	グ	写	撮	ホ	ッ	ケ	ー	味	ル	び
写	ラ	興	書	体	真	ス	タ	ジ	ア	ム	味	び	撮
動	猟	陶	味	育	チ	ャ	ン	ピ	オ	ン	シ	ッ	プ
ル	芸	キ	パ	館	ゼ	味	レ	真	イ	園	グ	プ	ゼ
ラ	ハ	園	芸	勝	者	ル	法	ク	リ	レ	み	法	活

コーチ	ゲーム
審判	ゴルフ
アスリート	ホッケー
野球	動き
バスケットボール	体育館
自転車	チーム
チャンピオンシップ	スタジアム
体操	テニス
プレーヤー	勝者

20 - Giocattoli

イ	動	工	画	編	品	動	レ	キ	ロ	ト	ル	リ	り
ズ	ハ	猟	ャ	パ	イ	画	み	パ	ボ	ラ	ラ	キ	人
パ	レ	喜	ダ	興	画	味	ゲ	ダ	ッ	書	お	ッ	形
ズ	飛	行	機	リ	品	エ	ー	園	ト	籍	気	イ	ク
ル	芸	ダ	グ	園	ン	絵	ー	真	み	り	に	ャ	ル
み	想	自	写	塗	料	写	絵	ド	ラ	ム	入	ル	び
猟	像	転	凧	ク	ジ	書	り	真	ー	ン	り	撮	法
活	力	車	プ	画	キ	法	画	品	イ	エ	撮	撮	り
写	ズ	シ	リ	ボ	ャ	ハ	パ	ラ	ジ	列	編	グ
ゲ	ム	ル	ハ	パ	シ	チ	リ	み	動	活	車	書	写
真	狩	魔	動	喜	書	ェ	活	味	グ	写	ャ	エ	釣
撮	絵	粘	ム	ボ	ゲ	ス	味	陶	ゲ	陶	陶	エ	撮
び	車	土	ゲ	ー	エ	絵	パ	狩	グ	ー	読	芸	陶
撮	園	活	陶	ル	び	り	園	キ	キ	ジ	ム	品	動

飛行機	想像力
粘土	書籍
工芸品	ボール
人形	お気に入り
ボート	パズル
ドラム	ロボット
自転車	チェス
トラック	列車
ゲーム	塗料

21 - Strumenti di Cottura

```
温 レ ゼ ジ プ グ 魔 味 芸 ス エ 編 び ャ
リ 度 エ ュ 編 ク 活 ケ 写 プ 魔 レ ハ 陶
ゼ 魔 計 ー ゲ イ ス ト レ ー ナ ー パ 影
グ イ パ サ は さ み ル ン ン レ 園 写 興
冷 喜 書 ー 魔 イ 写 撮 ラ ナ パ イ 撮 エ
蔵 絵 芸 味 動 グ シ カ レ イ シ 味 レ 園
庫 喜 ズ 喜 真 読 撮 ト 画 フ 真 興 み 興
ザ ル キ お 品 ン ャ ラ ダ ォ 法 エ エ
品 レ シ エ ろ 魔 影 リ ハ ー レ ズ ス ゼ
オ 芸 品 読 イ し プ ー 喜 ク ブ 魔 パ リ
ズ ー 品 陶 写 グ 金 魔 エ ン レ ゲ チ ハ
品 活 ブ ト ー ス タ ー 真 レ ン ゲ ュ ハ
エ ダ ジ ン ジ ン 陶 ム プ ル ダ 味 ラ ハ
り 芸 ス ト ー ブ 影 ゼ 釣 ジ ー 読 び 蓋
```

ケトル　　　　　　　　ブレンダー
ザル　　　　　　　　　おろし金
ナイフ　　　　　　　　カトラリー
スプーン　　　　　　　スパチュラ
ストレーナー　　　　　ジューサー
はさみ　　　　　　　　ストーブ
フォーク　　　　　　　温度計
オーブン　　　　　　　トースター
冷蔵庫

22 - Uccelli

味	真	釣	ー	絵	ペ	撮	ガ	チ	ョ	ウ	ダ	鷲	ャ
動	動	法	フ	ラ	ミ	ン	ゴ	興	キ	真	チ	オ	ム
オ	オ	ハ	シ	真	イ	サ	ギ	物	ン	チ	ョ	ウ	ゲ
写	パ	ダ	ク	り	写	ー	ダ	ン	卵	イ	ウ	ム	シ
興	プ	ー	り	猟	書	ゼ	プ	レ	真	真	ー	ズ	ダ
イ	猟	イ	ム	ク	キ	品	法	鷹	真	ゼ	白	鳥	ゼ
ハ	活	編	イ	レ	活	猟	ー	ズ	鳩	孔	雀	み	リ
り	エ	釣	猟	撮	り	園	パ	レ	園	ゼ	活	物	ズ
り	ク	シ	園	動	ズ	園	ー	ぺ	り	キ	書	猟	画
活	真	釣	カ	ッ	コ	ウ	活	リ	活	絵	味	芸	ス
シ	ン	編	モ	ゲ	ウ	書	釣	カ	読	ハ	魔	ア	ズ
イ	ゼ	ク	メ	レ	ノ	り	動	ン	ダ	ラ	び	ヒ	メ
写	み	ク	読	シ	ト	物	釣	ジ	園	プ	ゲ	ル	ム
ゼ	ム	ャ	画	ャ	リ	ル	真	キ	陶	レ	興	ラ	画

サギ	オウム
アヒル	スズメ
コウノトリ	孔雀
白鳥	ペリカン
カッコウ	ペンギン
フラミンゴ	チキン
カモメ	ダチョウ
ガチョウ	オオハシ

23 - Giorni e Mesi

```
品 法 エ 活 喜 芸 法 火 曜 日 金 曜 日 グ
真 水 ク 狩 ゼ 書 ゼ 味 読 エ 品 リ 行 進
ジ 曜 ダ 書 活 釣 り イ ズ ハ ル 法 リ 猟
狩 日 影 エ 芸 影 物 狩 土 り 画 撮 グ キ
芸 ハ セ イ 読 園 キ 木 曜 日 六 ダ 喜 園
芸 パ ハ プ 狩 り 魔 読 日 七 月 月 曜 日
写 園 り リ テ グ 園 ン キ 日 五 ゼ 物 芸
ズ 撮 ゲ ル 撮 ン 週 書 シ 曜 月 ル ク ズ
カ レ ン ダ ー ル バ 読 ハ 日 キ び 品 ン
グ 影 法 動 ー ル 陶 ー 画 十 一 月 真 書
ハ 味 読 ラ ン イ ニ ー シ ダ 興 猟 法 グ
レ み 猟 狩 影 活 月 り ゲ 味 八 キ 釣 パ
釣 ム 編 び ク ジ 法 動 ゼ ズ ム 月 年 ン
読 影 猟 ャ パ ジ 真 魔 魔 編 ャ 興 ル 狩
```

八月	五月
エイプリル	火曜日
カレンダー	行進
日曜日	水曜日
二月	十一月
木曜日	土曜日
六月	セプテンバー
七月	金曜日
月曜日	

24 - Casa

キ	ン	品	活	イ	ン	み	屋	ン	書	品	釣	ズ	パ
猟	絵	エ	び	ジ	撮	パ	根	魔	狩	び	エ	シ	活
キ	ム	ズ	猟	ム	ン	絵	び	イ	ダ	ハ	魔	エ	味
法	パ	陶	魔	魔	興	ン	画	園	味	編	喜	プ
ハ	ジ	り	活	ラ	影	イ	動	エ	狩	パ	品	品
活	鏡	フ	ェ	ン	ス	動	猟	影	品	狩	シ	エ	び
ゲ	エ	物	影	プ	書	ン	図	書	館	画	興	ク	パ
り	み	イ	び	庭	窓	蛇	口	書	園	ル	撮	猟	興
レ	画	喜	イ	り	ン	書	シ	キ	ッ	チ	ン	ジ	ゲ
ほ	う	き	ン	み	リ	ジ	ガ	釣	シ	陶	猟	活	編
部	リ	味	影	興	活	床	レ	天	井	ャ	読	法	レ
屋	シ	み	園	ド	一	写	一	壁	影	写	ワ	シ	法
根	園	ラ	陶	興	ア	び	ジ	暖	炉	エ	猟	一	ル
裏	絵	グ	撮	撮	ジ	パ	編	喜	リ	ル	シ	み	ク

屋根裏	ドア
図書館	フェンス
部屋	蛇口
暖炉	ほうき
キッチン	天井
シャワー	ラグ
ガレージ	屋根
ランプ	

25 - Ristorante #1

み	法	キ	ゼ	グ	ズ	ン	興	ゼ	パ	ン	辛	エ	ズ
レ	レ	チ	キ	ン	書	興	園	グ	レ	ゼ	グ	い	真
ボ	猟	キ	ル	喜	リ	ル	絵	み	ソ	コ	み	釣	動
ウ	み	ク	影	予	ナ	キ	写	デ	ザ	ー	ト	イ	ダ
ル	ェ	ャ	シ	約	プ	影	品	ジ	り	ヒ	ス	園	園
芸	ナ	イ	フ	動	キ	ゲ	メ	ニ	ュ	ー	喜	法	ダ
ク	編	ン	ト	レ	ン	エ	ダ	ー	ク	イ	ラ	猟	読
び	動	ジ	ア	レ	ル	ギ	ー	芸	狩	画	パ	ム	書
動	ク	釣	猟	物	ス	ハ	み	真	法	ダ	撮	法	パ
物	狩	画	猟	編	ダ	ル	食	プ	び	び	皿	真	写
味	ー	影	キ	肉	ゼ	ジ	ベ	法	ク	釣	り	ラ	物
び	プ	ジ	ッ	び	び	シ	物	影	真	写	グ	ク	猟
エ	興	ク	チ	芸	ジ	味	喜	ダ	芸	み	影	ャ	キ
影	撮	キ	ン	物	喜	ム	編	魔	ル	ル	ー	書	イ

アレルギー	メニュー
コーヒー	パン
ウェイトレス	辛い
食べ物	チキン
ボウル	予約
ナイフ	ソース
キッチン	ナプキン
デザート	

26 - Fantascienza

世	活	シ	リ	猟	撮	パ	デ	爆	み	イ	写	興	影
芸	界	シ	ナ	リ	オ	リ	ィ	真	発	ジ	真	工	書
神	秘	的	な	写	ラ	ン	ス	み	グ	味	書	み	書
り	動	レ	法	撮	ク	ア	ト	ミ	ッ	ク	籍	ジ	撮
書	読	イ	リ	ム	ル	エ	ピ	編	惑	ク	芸	プ	ジ
喜	ゲ	ジ	写	釣	未	ロ	ア	素	星	猟	ハ	パ	ゼ
イ	ズ	パ	影	真	来	ボ	ハ	物	猟	猟	び	ク	影
ラ	ル	活	シ	キ	的	ッ	火	り	画	ら	ジ	み	絵
シ	ネ	マ	技	ユ	ー	ト	ピ	ア	撮	虚	し	ラ	狩
法	真	シ	術	り	レ	撮	プ	シ	リ	数	ジ	い	ゲ
キ	キ	絵	品	ク	銀	魔	キ	芸	品	ー	法	書	り
ム	絵	現	実	的	河	ク	喜	び	釣	ー	画	書	ハ
プ	活	芸	グ	読	キ	ズ	編	動	グ	画	工	活	法
イ	リ	ュ	ー	ジ	ョ	ン	興	魔	り	魔	レ	撮	プ

アトミック   神秘的な
シネマ   世界
ディストピア   オラクル
爆発   惑星
素晴らしい   現実的
未来的   ロボット
銀河   シナリオ
イリュージョン   技術
虚数   ユートピア
書籍

27 - Città

```
図 書 館 シ 園 ギ ム ク パ ス 法 猟 興 画
品 店 薬 局 絵 ャ 猟 撮 ベ ー カ リ ー 真
ス タ ジ ア ム ラ ダ ル 狩 パ 喜 陶 園 ャ
猟 パ 品 ル り リ 博 物 館 ー レ 画 釣 び
み リ ズ ャ リ ー ダ ム ズ マ 画 ダ ジ 物
芸 絵 撮 品 シ 診 療 所 ャ ー ル 釣 ダ り
法 味 ハ 影 み エ ン 編 ャ ケ 影 品 ル 花
店 絵 真 ジ 絵 び 活 味 ジ ッ ン 書 喜 屋
味 ゲ エ 狩 学 画 ャ 味 パ ト ゼ ジ グ 釣
ム 空 港 絵 芸 校 絵 工 影 工 陶 パ ム 釣
ゼ 活 ジ レ 釣 シ ネ マ ル 影 ジ 品 劇 真
写 大 学 読 猟 園 撮 イ 猟 レ リ ダ 市 場
釣 イ 猟 グ ホ テ ル ゼ 法 ー 動 物 園 ゲ
ズ リ 喜 ラ 銀 行 芸 動 エ イ ャ 味 ダ ク
```

空港	市場
銀行	博物館
図書館	ベーカリー
シネマ	学校
診療所	スタジアム
薬局	スーパーマーケット
花屋	劇場
ギャラリー	大学
ホテル	動物園
書店	

28 - Compleanno

キ	ダ	釣	び	ス	若	い	思	猟	時	お	物	品	画
イ	ャ	影	み	ペ	プ	狩	贈	い	間	祝	プ	影	影
真	真	ン	グ	シ	ズ	歌	り	猟	出	い	物	狩	ャ
画	み	影	ド	ャ	陶	物	物	ハ	魔	ク	写	ケ	画
品	ゼ	絵	年	ル	プ	撮	び	カ	レ	ン	ダ	ー	楽
エ	法	絵	魔	編	ン	パ	パ	ー	ティ	ー	キ	し
活	ハ	芸	友	達	生	ま	れ	ド	ン	キ	ラ	画	い
グ	動	影	ダ	陶	り	喜	キ	プ	活	陶	レ	イ	影
リ	影	ン	ジ	ク	狩	画	パ	読	パ	み	ジ	写	影
真	ハ	ハ	ゲ	レ	活	知	恵	活	狩	エ	シ	狩	ゼ
び	ッ	動	プ	み	絵	興	ラ	絵	ャ	招	ャ	法	ャ
興	ピ	ャ	編	活	狩	陶	リ	画	編	シ	待	活	ー
写	ー	写	み	物	ハ	ー	影	編	法	魔	芸	状	ハ
物	り	シ	ー	ジ	リ	法	画	日	ャ	ー	パ	編	味

友達　　　　　　　　生まれ
カレンダー　　　　パーティー
キャンドル　　　　贈り物
カード　　　　　　思い出
お祝い　　　　　　知恵
楽しい　　　　　　スペシャル
ハッピー　　　　　時間
若い　　　　　　　ケーキ
招待状

29 - Fattoria #1

猟	チ	ク	び	写	撮	馬	群	喜	肥	料	フ	び	活
法	キ	リ	撮	影	物	レ	れ	釣	ク	活	ェ	写	味
真	ン	レ	撮	リ	ゲ	ズ	動	品	編	陶	ン	レ	ジ
プ	画	真	影	ふ	ャ	狩	び	ャ	キ	キ	ス	ル	魔
ダ	ラ	シ	活	く	写	ム	び	ハ	絵	び	み	ジ	真
動	興	ル	真	ら	レ	釣	ル	ゲ	魔	ン	フ	パ	
パ	品	み	ダ	は	法	狩	絵	写	陶	真	水	ィ	園
ジ	活	興	猫	ぎ	エ	ゲ	ヤ	品	ラ	ゲ	芸	ー	蜂
農	業	陶	キ	キ	ラ	犬	ギ	リ	ム	猟	喜	ル	ゼ
ロ	バ	み	読	ゲ	陶	品	読	エ	釣	エ	動	ド	ム
米	ル	読	ジ	り	プ	グ	写	蜂	蜜	プ	ン	物	読
園	ゲ	ラ	写	影	陶	豚	レ	釣	り	ク	読	真	レ
ズ	キ	猟	パ	レ	活	動	活	種	リ	ラ	釣	シ	ヘ
狩	牛	撮	ズ	画	法	ム	画	子	狩	絵	味	ゼ	イ

農業　　　　　　　　　群れ
ロバ　　　　　　　　　蜂蜜
フィールド　　　　　　チキン
ヤギ　　　　　　　　　フェンス
肥料　　　　　　　　　種子
ヘイ　　　　　　　　　ふくらはぎ

30 - Paesaggi

狩	シ	ゼ	喜	撮	イ	動	み	イ	絵	物	り	プ	狩
ビ	撮	芸	影	物	魔	湖	読	び	ゲ	画	ャ	画	ラ
書	ー	撮	編	ゼ	シ	編	エ	ラ	読	キ	画	ズ	ー
活	ズ	チ	編	猟	活	氷	山	ル	ー	ダ	ゲ	読	物
ハ	丘	ゲ	芸	み	グ	河	プ	み	書	ン	び	味	釣
動	狩	イ	動	プ	エ	物	写	興	間	リ	ダ	ジ	キ
り	ズ	画	ダ	砂	ム	撮	ジ	ズ	欠	火	ク	レ	リ
園	魔	画	影	漠	味	喜	撮	み	泉	山	味	物	味
動	ジ	ズ	ダ	キ	谷	影	品	ン	洞	興	ン	み	味
ク	グ	ズ	画	撮	キ	書	島	オ	窟	イ	キ	ズ	興
海	川	法	興	興	滝	び	品	ア	画	エ	画	ン	味
ツ	ン	ド	ラ	び	パ	ン	園	シ	陶	沼	画	パ	絵
読	プ	パ	パ	陶	真	味	法	ス	ン	ゼ	海	興	ジ
陶	狩	半	島	品	プ	品	撮	物	ラ	ゼ	洋	ハ	り

砂漠	海洋
間欠泉	半島
氷河	ビーチ
洞窟	ツンドラ
氷山	火山
オアシス	

31 - Ristorante #2

魔	イ	品	動	真	絵	パ	法	び	陶	野	ケ	園	絵
ム	動	ャ	画	書	キ	魔	ス	ダ	味	菜	ー	プ	リ
絵	ダ	ャ	芸	ジ	撮	パ	プ	ク	キ	画	キ	動	味
美	味	し	い	り	興	魔	ー	絵	法	卵	猟	猟	園
フ	ル	ー	ツ	前	菜	ウ	ン	イ	狩	園	ス	喜	レ
イ	物	物	タ	園	プ	ェ	ズ	真	塩	編	パ	味	編
び	絵	味	ダ	食	書	イ	ゼ	エ	フ	ゲ	イ	ゼ	ゲ
編	椅	影	品	り	ハ	タ	ク	影	動	ォ	ス	真	味
ダ	子	パ	釣	レ	品	ー	エ	グ	ジ	リ	ー	ズ	ゲ
魚	ゼ	び	ラ	び	活	氷	芸	サ	ラ	ダ	プ	ク	水
グ	物	ハ	グ	陶	ハ	興	キ	法	ン	園	グ	ク	陶
ン	写	喜	ゼ	り	ゼ	園	リ	動	チ	真	真	レ	ハ
陶	活	編	ク	シ	興	ハ	パ	編	猟	ー	グ	ン	狩
飲	料	び	編	み	び	活	魔	喜	撮	魔	ダ	び	絵

前菜	サラダ
飲料	スープ
ウェイター	ランチ
夕食	椅子
スプーン	スパイス
美味しい	ケーキ
フォーク	野菜
フルーツ	

32 - Giardino

猟	ラ	喜	狩	グ	ガ	書	ハ	猟	動	ホ	ー	ス	池
ゲ	ポ	り	写	動	レ	ム	庭	絵	魔	興	プ	芸	ズ
ゼ	興	ー	み	ャ	ー	書	ダ	イ	テ	ベ	興	影	興
グ	エ	エ	チ	ブ	ジ	活	興	ト	ラ	ン	ポ	リ	ン
シ	ャ	ベ	ル	ッ	ズ	猟	芸	ハ	ス	チ	ダ	リ	影
雑	草	土	プ	シ	レ	園	魔	ジ	ハ	シ	芸	エ	プ
物	エ	ジ	ク	ュ	イ	写	み	キ	味	書	画	物	ャ
プ	編	動	ル	び	芸	ゲ	写	ラ	リ	ダ	園	ラ	画
り	魔	草	活	シ	魔	り	陶	魔	活	イ	味	狩	撮
魔	ー	真	活	ャ	み	味	釣	プ	物	編	狩	ゼ	ズ
ハ	熊	木	フ	オ	ー	チ	ャ	ー	ド	魔	シ	園	ジ
猟	手	動	ェ	グ	狩	興	芝	画	ャ	グ	リ	興	味
ジ	園	ハ	ン	モ	ッ	ク	生	ム	花	イ	写	ム	シ
書	陶	パ	ス	猟	イ	エ	キ	味	び	魔	狩	撮	活

ハンモック　　　　　　　ポーチ
ブッシュ　　　　　　　　芝生
雑草　　　　　　　　　　熊手
オーチャード　　　　　　フェンス
ガレージ　　　　　　　　テラス
シャベル　　　　　　　　トランポリン
ベンチ　　　　　　　　　ホース

33 - Frutta

パ	品	喜	狩	動	活	み	ア	陶	ハ	編	ア	ラ	キ
真	イ	バ	ブ	編	シ	動	プ	パ	び	キ	ッ	ズ	り
芸	葡	ナ	ラ	梨	リ	ン	リ	ラ	パ	ウ	プ	ベ	味
ン	萄	ナ	ッ	ム	活	ラ	コ	ダ	ィ	イ	ル	リ	魔
イ	影	猟	ク	プ	ダ	イ	ッ	味	レ	芸	ヤ	ー	キ
グ	品	ン	ベ	ク	ル	ー	ト	釣	レ	真	ー	キ	狩
真	レ	ベ	リ	ー	法	ャ	ネ	動	グ	物	プ	イ	イ
ン	び	猟	ー	編	ク	影	ク	レ	味	プ	真	猟	法
グ	書	撮	ゼ	ク	エ	び	タ	影	り	ジ	梅	芸	魔
読	ズ	プ	園	品	芸	ラ	リ	興	ア	ボ	カ	ド	真
魔	エ	園	魔	メ	猟	ム	ン	味	マ	ゼ	ダ	ダ	ゲ
チ	ェ	リ	ー	ロ	ゼ	ャ	オ	レ	ン	ジ	ゲ	撮	ー
動	り	ハ	り	ン	法	桃	プ	モ	ゴ	興	法	ズ	魔
プ	絵	品	ゲ	ク	喜	ク	書	ン	ー	魔	撮	ム	ム

アプリコット
パイナップル
オレンジ
アボカド
ベリー
バナナ
チェリー
キウイ
ラズベリー

レモン
マンゴー
アップル
メロン
ブラックベリー
ネクタリン
パパイヤ
葡萄

34 - Fattoria #2

法	子	羊	み	プ	陶	オ	園	絵	魔	法	編	写	シ
キ	味	飼	オ	キ	園	オ	プ	園	農	家	み	喜	
陶	猟	い	コ	ー	ン	ム	グ	ラ	リ	シ	納	ハ	プ
ト	ラ	ク	タ	ー	チ	ギ	動	ゲ	ー	ダ	屋	写	ジ
ム	ア	喜	ズ	動	ラ	ャ	物	ン	ズ	真	書	影	レ
狩	ヒ	ゼ	園	魔	パ	ハ	ー	書	園	エ	ム	ー	エ
ミ	ル	ク	フ	ル	ー	ツ	り	ド	蜂	の	巣	芸	ダ
芸	釣	編	ー	エ	味	編	猟	芸	グ	ラ	マ	編	ン
ル	釣	写	ャ	ダ	写	画	編	リ	ズ	牧	草	地	喜
り	リ	狩	パ	み	シ	活	ジ	み	ル	真	ラ	物	品
レ	レ	ン	リ	編	シ	ム	り	り	動	ン	猟	り	プ
食	猟	魔	法	り	り	味	ダ	ハ	灌	撮	絵	ゼ	ダ
陶	ベ	ガ	チ	ョ	ウ	法	ク	ダ	漑	陶	ー	陶	ル
小	麦	物	魔	陶	ジ	ジ	ハ	ジ	イ	活	魔	ハ	撮

子羊　　　　　　　　灌漑
農家　　　　　　　　ラマ
蜂の巣　　　　　　　ミルク
アヒル　　　　　　　コーン
動物　　　　　　　　ガチョウ
食べ物　　　　　　　オオムギ
納屋　　　　　　　　羊飼い
フルーツ　　　　　　牧草地
オーチャード　　　　トラクター
小麦

35 - Dinosauri

び	シ	芸	ダ	動	味	進	活	書	ャ	ダ	編	ラ	釣
失	園	エ	真	み	喜	巨	化	動	ム	物	釣	プ	リ
踪	喜	ー	動	リ	真	大	狩	釣	ク	魔	編	タ	園
芸	読	ハ	シ	撮	編	な	ャ	シ	ャ	猟	読	ー	活
芸	絵	芸	ン	活	レ	ハ	リ	イ	ダ	読	猟	パ	エ
ン	影	物	魔	ン	レ	ゼ	獲	読	シ	釣	ゲ	り	キ
編	釣	ゲ	ダ	猟	読	ー	物	読	釣	レ	ム	釣	ハ
シ	ジ	ク	リ	活	ラ	イ	物	マ	イ	ゲ	翼	絵	狩
園	ゲ	活	グ	狩	読	喜	大	ン	写	編	ル	絵	サ
肉	ン	活	イ	物	興	り	き	モ	爬	虫	類	パ	イ
食	品	ダ	先	史	時	代	い	ス	ム	写	ー	草	ズ
動	化	石	ハ	書	り	釣	ム	読	興	ン	ラ	食	法
物	雑	食	影	ン	種	レ	ゲ	魔	ズ	写	レ	動	レ
ル	園	リ	地	球	尾	読	リ	レ	強	力	な	物	ハ

肉食動物　　　　　　　　　強力な
巨大な　　　　　　　　　　獲物
草食動物　　　　　　　　　先史時代
進化　　　　　　　　　　　ラプター
化石　　　　　　　　　　　爬虫類
大きい　　　　　　　　　　失踪
マンモス　　　　　　　　　サイズ
雑食　　　　　　　　　　　地球

36 - Verdure

ブ	ハ	物	ほ	だ	書	ハ	ン	エ	パ	セ	リ	リ	陶
ロ	ル	物	う	喜	い	喜	ー	ン	シ	ハ	ャ	動	ジ
ッ	カ	ブ	れ	猟	グ	こ	ン	ド	写	ャ	リ	書	サ
コ	魔	り	ん	み	ダ	写	ん	ウ	玉	芸	ロ	ハ	ラ
リ	イ	写	草	ム	パ	法	り	ン	葱	画	ズ	ッ	ダ
ー	ン	猟	キ	ュ	ウ	リ	ャ	狩	シ	ョ	ウ	ガ	ト
ゼ	ズ	ル	ノ	画	に	ん	じ	ん	ニ	ン	ニ	ク	プ
味	茄	子	コ	ア	ー	ティ	チ	ョ	ー	ク	ジ	び
ゼ	影	絵	陶	画	興	リ	魔	ズ	ル	ダ	ク	猟	陶
ゃ	狩	味	影	喜	リ	リ	ジ	エ	法	魔	味	リ	ト
影	狩	ズ	プ	ダ	物	レ	狩	ラ	写	画	ラ	び	マ
か	ぼ	ち	ゃ	エ	ャ	活	ダ	シ	プ	ク	セ	ズ	ト
影	狩	エ	ム	写	絵	読	園	ジ	活	編	品	ロ	み
エ	エ	じ	ゃ	が	い	も	ゼ	影	活	イ	読	画	リ

ニンニク
ブロッコリー
アーティチョーク
にんじん
キュウリ
玉葱
キノコ
サラダ
茄子
じゃがいも

エンドウ
トマト
パセリ
カブ
だいこん
エシャロット
セロリ
ほうれん草
ショウガ
かぼちゃ

37 - Scuola #2

```
ズ み 画 影 編 ズ 真 ジ 陶 撮 リ 画 プ 読
ズ ラ ズ 撮 キ み 影 釣 リ み 動 レ グ び
ャ レ 活 リ 法 プ 動 イ ー 味 真 ン 動 ダ
数 リ バ 撮 法 ャ 釣 真 読 読 バ 影 ン プ
学 レ ッ 写 狩 レ 魔 陶 辞 書 ス 撮 ラ 紙
レ 書 ク み み 真 活 キ 活 ズ 狩 ジ ー 活
書 ラ パ 編 み ー エ 読 ラ ゲ み リ り 味
籍 読 ッ ー ラ 画 猟 喜 品 影 喜 編 プ 画
教 育 ク ハ コ 動 魔 活 グ ル 靴 図 書 館
狩 エ 撮 プ 魔 ン エ 読 グ 猟 シ 文 喜 法
鉛 筆 科 動 ゼ シ ピ キ パ は 先 学 法 絵
プ ゲ 学 ハ 絵 イ レ ュ ゲ さ 生 ダ イ イ
ア カ デ ミ ッ ク ズ リ ー み 芸 釣 リ キ
カ レ ン ダ ー 絵 興 陶 ム タ 撮 喜 真 影
```

アカデミック	文法
バス	先生
図書館	文学
カレンダー	読書
コンピュータ	書籍
辞書	数学
教育	鉛筆
はさみ	科学
ゲーム	バックパック

38 - Barbecue

シ	音	陶	ー	ャ	活	釣	グ	飢	塩	書	グ	狩	味
み	楽	フ	ル	ー	ツ	ク	リ	餓	玉	ね	ぎ	ハ	ハ
り	ゲ	ー	ム	プ	イ	品	ル	狩	芸	喜	真	陶	ダ
家	族	ソ	芸	ジ	喜	エ	グ	狩	プ	品	真	パ	ー
び	夏	ー	ダ	イ	興	り	猟	狩	リ	写	写	リ	み
ゲ	活	ス	ホ	ッ	ト	マ	ト	影	絵	ゲ	食	影	陶
興	編	ゼ	プ	書	イ	興	コ	シ	ョ	ウ	真	ベ	活
ゲ	魔	ム	グ	物	ャ	興	読	活	真	陶	画	ム	物
び	イ	編	ダ	キ	興	芸	興	猟	み	イ	レ	ー	パ
び	プ	味	キ	パ	サ	ラ	ダ	真	イ	魔	ャ	ム	画
ク	シ	編	読	絵	ジ	法	狩	陶	真	物	ナ	イ	フ
ジ	写	ム	活	レ	み	ル	ャ	ラ	絵	ダ	シ	絵	ラ
喜	味	絵	夕	ゲ	招	ラ	リ	エ	ム	エ	チ	キ	ン
編	ン	シ	法	食	待	ジ	び	ラ	影	芸	ダ	プ	チ

ホット	グリル
夕食	サラダ
食べ物	招待
玉ねぎ	音楽
ナイフ	コショウ
飢餓	チキン
家族	トマト
フルーツ	ランチ
ゲーム	ソース

39 - Riempire

浴 イ 画 撮 ズ 芸 ク 芸 ポ ト シ ズ ボ パ
り 槽 喜 カ ム バ レ ル ケ レ 興 陶 ト 興
法 び ス ー ツ ケ ー ス ッ イ 撮 ダ ル ハ
写 狩 品 ト 動 ツ ト バ ト 魔 シ 読 釣 芸
工 真 画 ン フ 園 釣 ス 園 読 真 芸 影 ム
絵 キ り ゼ ォ パ イ ケ ー パ 釣 ジ ダ 撮
物 活 編 レ ル ケ ク ッ 味 写 シ 書 グ ク
写 絵 レ プ ダ ッ ゼ ト 品 撮 レ 書 法 ゼ
ル 撮 絵 花 陶 ト 品 ジ 釣 ハ 魔 箱 封 筒
絵 ラ イ バ 瓶 芸 絵 ズ 写 イ ハ 動 書 ズ
ン 写 ム ッ 法 容 イ ゲ ー 魔 み 動 り ン
レ 芸 喜 グ 書 ズ 器 り ン 引 き 出 し ク
編 チ ュ ー ブ 魔 り 撮 シ イ 狩 芸 味 ゲ
品 ル 撮 陶 影 動 ゲ 味 喜 り リ 影 ン 法

バレル
バッグ
ボトル
封筒
フォルダ
カートン
クレート
引き出し
バスケット

容器
パケット
バケツ
ポケット
チューブ
スーツケース
浴槽
花瓶
トレイ

40 - Insetti

ン	蝶	味	影	レ	ハ	影	ゲ	ス	カ	ラ	レ	興	シ
狩	動	画	ル	パ	法	味	ゲ	ズ	マ	影	ン	ダ	写
ラ	レ	法	シ	絵	イ	陶	ー	メ	キ	ハ	動	真	り
絵	興	ノ	ジ	画	蜂	シ	画	バ	リ	味	み	編	芸
び	品	ミ	ジ	イ	芸	魔	ゲ	チ	ッ	レ	写	ー	芸
読	喜	び	活	影	ナ	み	て	絵	編	タ	蝉	狩	芸
パ	イ	り	ハ	幼	品	ゴ	ん	ー	キ	び	ャ	蚊	蛾
ャ	ワ	ジ	絵	虫	品	キ	と	喜	喜	蟻	狩	法	味
喜	び	ー	撮	パ	ゲ	ブ	う	ハ	ハ	ル	絵	ジ	リ
写	動	ク	ム	プ	園	リ	虫	ー	園	読	ト	品	ク
り	釣	影	編	魔	真	ダ	ジ	動	ダ	ゲ	ン	甲	虫
読	工	撮	魔	ハ	ゼ	ン	書	活	ー	絵	ボ	猟	読
ム	キ	法	物	パ	猟	ハ	物	猟	み	味	み	ク	ゲ
ア	ブ	ラ	ム	シ	ロ	ア	リ	写	絵	工	釣	法	園

アブラムシ	カマキリ
バッタ	ノミ
てんとう虫	ゴキブリ
甲虫	シロアリ
幼虫	ワーム
トンボ	スズメバチ
イナゴ	

41 - Erboristeria

活	狩	絵	レ	活	マ	タ	ラ	ゴ	ン	花	キ	デ	動
味	真	エ	読	魔	ー	狩	り	ベ	ミ	グ	シ	ィ	イ
ラ	読	芳	香	族	ジ	物	喜	ニ	ン	ニ	ク	ル	芸
ダ	シ	ジ	タ	イ	ョ	狩	エ	ゲ	ト	ダ	撮	サ	ズ
ラ	り	イ	編	イ	ラ	興	撮	ン	イ	レ	ー	フ	シ
魔	オ	レ	ガ	ノ	ム	活	ズ	ー	狩	画	動	ラ	品
影	写	魔	緑	パ	絵	イ	ル	シ	狩	ク	ジ	ン	ジ
ル	エ	ゼ	ー	ラ	ゲ	動	喜	喜	味	ゲ	編	り	ー
芸	陶	園	読	芸	真	ハ	品	質	パ	ク	物	動	フ
ダ	陶	法	活	法	成	分	シ	り	陶	セ	パ	ク	ェ
ム	猟	動	味	ハ	陶	絵	ロ	ー	ズ	マ	リ	ー	ン
料	グ	イ	釣	園	ン	編	バ	ジ	ル	ゲ	グ	撮	ネ
理	ル	み	パ	読	品	書	ジ	ラ	プ	び	絵	活	ル
芸	み	品	品	写	ー	ク	写	プ	ル	味	動	庭	キ

ニンニク　　　　　　　マージョラム
ディル　　　　　　　　ミント
芳香族　　　　　　　　オレガノ
バジル　　　　　　　　パセリ
料理　　　　　　　　　品質
タラゴン　　　　　　　ローズマリー
フェンネル　　　　　　タイム
成分　　　　　　　　　サフラン
ラベンダー

42 - Danza

真	リ	ズ	ム	パ	ー	ト	ナ	ー	プ	ク	動	プ	写
編	ハ	ク	ア	品	法	ー	ズ	ハ	影	ラ	ゲ	ゼ	シ
ビ	ー	ズ	ー	ー	写	レ	表	画	動	シ	読	読	猟
ジ	サ	ゲ	シ	み	ト	狩	活	現	き	ッ	陶	ズ	ゼ
ュ	ル	ラ	ハ	ダ	書	興	写	り	カ	ク	写	撮	ン
ア	喜	画	ラ	釣	グ	喜	物	読	芸	豊	影	グ	ー
ル	カ	活	パ	シ	レ	喜	興	ク	編	工	か	味	興
ズ	狩	デ	園	プ	ン	影	陶	キ	活	パ	じ	な	ン
ダ	編	動	ミ	ク	影	陶	ク	ャ	撮	魔	園	園	園
画	書	書	伝	ー	パ	撮	シ	リ	釣	品	音	文	化
ン	ズ	読	統	振	り	付	け	画	興	陶	楽	動	写
グ	味	ハ	的	撮	活	ャ	撮	味	ダ	絵	キ	み	イ
感	情	プ	パ	ゼ	真	イ	ズ	ダ	シ	グ	ジ	画	パ
動	イ	品	ャ	ャ	ハ	活	ラ	園	体	興	プ	姿	勢

アカデミー　　　　　　　動き
アート　　　　　　　　　音楽
クラシック　　　　　　　姿勢
パートナー　　　　　　　リハーサル
振り付け　　　　　　　　リズム
文化　　　　　　　　　　伝統的
感情　　　　　　　　　　ビジュアル
表現力豊かな

43 - Scuola #1

狩	楽	し	い	読	活	図	書	館	編	真	ア	数	喜
ク	イ	ズ	ゼ	品	活	興	籍	ャ	先	ー	ル	び	学
影	園	教	リ	活	ャ	ゼ	ン	芸	生	園	フ	机	真
ャ	ン	室	絵	エ	動	芸	ズ	ー	パ	ァ	動	絵
数	字	ズ	法	物	ゲ	ン	ゲ	ジ	エ	影	ベ	キ	写
絵	物	撮	ダ	画	ン	フ	ゲ	味	ゼ	キ	エ	ラ
イ	キ	リ	び	エ	ズ	ォ	魔	撮	味	答	ト	影	プ
み	釣	猟	撮	読	喜	ル	み	ダ	ラ	動	え	ハ	ゼ
り	狩	パ	興	椅	マ	ダ	影	動	ー	キ	ジ	画	写
陶	グ	エ	味	子	狩	ー	ー	芸	り	ダ	読	猟	ダ
リ	ダ	ー	イ	写	猟	ズ	カ	ダ	書	動	キ	法	園
ム	ム	ル	鉛	筆	試	真	芸	ー	真	味	ズ	レ	ラ
ゲ	友	達	興	真	験	釣	ン	ル	び	真	エ	ペ	ン
プ	パ	紙	ダ	読	グ	イ	魔	魔	ジ	影	猟	喜	チ

アルファベット	マーカー
友達	数学
教室	鉛筆
図書館	数字
フォルダー	ペン
楽しい	ランチ
試験	クイズ
先生	答え
書籍	椅子

44 - Fiori

ハ	絵	芸	写	品	ク	キ	花	弁	パ	ラ	ト	チ	絵
デ	イ	ジ	ー	ハ	ロ	チ	束	影	プ	イ	ケ	ュ	び
ジ	ラ	ビ	動	ズ	ー	ル	ナ	ラ	プ	ラ	イ	ー	レ
パ	ャ	影	ス	法	バ	ズ	撮	シ	ル	ッ	ソ	リ	ー
り	品	ス	園	カ	ー	ゲ	芸	芸	メ	ク	ウ	ッ	ズ
ゼ	ム	ラ	ミ	タ	ス	ゲ	ダ	書	リ	魔	品	プ	ム
ラ	パ	法	猟	ン	マ	グ	ノ	リ	ア	百	ハ	ラ	ー
芸	ゼ	陶	絵	ポ	品	喜	園	陶	動	合	猟	ベ	書
パ	ハ	ゼ	絵	ポ	味	味	グ	リ	陶	猟	ゼ	ン	写
魔	ク	ー	ハ	猟	パ	び	ダ	蘭	ひ	り	リ	ダ	ク
キ	園	品	興	ク	キ	ジ	シ	リ	ま	ポ	ピ	ー	ル
り	ャ	牡	ダ	品	画	狩	ゲ	ハ	わ	み	釣	読	芸
り	味	丹	写	ズ	園	リ	ゲ	ダ	り	シ	魔	読	イ
ラ	釣	ゲ	動	釣	ル	編	ダ	ャ	ズ	ー	読	プ	ダ

タンポポ	デイジー
クチナシ	花束
ジャスミン	ポピー
百合	トケイソウ
ひまわり	牡丹
ハイビスカス	花弁
ラベンダー	プルメリア
ライラック	クローバー
マグノリア	チューリップ

45 - Ecologia

動	ゼ	ム	魔	ズ	キ	読	フ	写	り	園	絵	法	品
パ	物	写	植	物	グ	猟	ロ	み	ダ	シ	法	ゲ	書
釣	画	相	生	動	魔	イ	ー	味	真	陶	真	グ	狩
芸	興	旱	ー	ゼ	生	ボ	ラ	ン	ティ	ア	気	真
喜	山	魃	撮	影	息	リ	ソ	ー	ス	マ	法	活	候
喜	ズ	法	ン	ジ	地	釣	物	猟	品	ー	ダ	写	エ
ン	ャ	種	ラ	び	生	存	多	様	性	シ	イ	興	自
コ	ミ	ュ	ニ	ティ	ダ	レ	ナ	チ	ュ	ラ	ル	然
シ	リ	ハ	撮	絵	ダ	リ	興	パ	イ	持	続	可	能
興	ル	画	読	興	パ	ハ	編	び	ダ	芸	画	み	動
撮	ゼ	園	グ	キ	書	ム	釣	物	キ	マ	リ	ン	喜
ズ	狩	読	イ	園	ー	ン	魔	グ	ロ	ー	バ	ル	影
撮	パ	味	ダ	ジ	プ	イ	書	絵	ゼ	狩	物	ハ	園
活	画	ズ	画	イ	リ	ャ	ダ	ゲ	魔	プ	魔	ハ	編

気候　　　　　　　　　ナチュラル
コミュニティ　　　　　マーシュ
多様性　　　　　　　　植物
動物相　　　　　　　　リソース
フローラ　　　　　　　旱魃
グローバル　　　　　　生存
生息地　　　　　　　　持続可能
マリン　　　　　　　　植生
自然　　　　　　　　　ボランティア

46 - Discipline Scientifiche

ズ	エ	ゲ	編	りゃ	猟	芸	キ	ハン	気	ズ	ハ
絵	解	剖	学	地	質	学	社	読	プ	カ	象	動	読
生	化	学	ル	真	ジ	物	会	シ	神	経	学	物	エ
み	リ	シ	編	活	り	化	学	画	影	真	ャ	学	ャ
グ	り	写	撮	品	釣	興	影	ズ	ゼ	ン	活	免	レ
考	法	生	鉱	天	読	ル	イ	ゼ	ン	編	疫	ジ	魔
ゼ	古	影	物	文	ジ	キ	み	狩	ル	生	学	園	法
熱	力	学	学	学	園	喜	ゲ	イ	ジ	態	イ	陶	絵
生	理	猟	プ	喜	園	エ	み	ー	芸	学	読	陶	イ
植	物	学	釣	喜	魔	み	猟	法	り	リ	芸	芸	真
動	書	興	ム	法	び	影	シ	り	猟	釣	ゲ	魔	イ
パ	シ	び	シ	グ	読	絵	ゲ	狩	プ	ル	撮	グ	ズ
心	理	学	喜	ゲ	味	ゼ	編	撮	ャ	ル	書	パ	書
言	語	学	編	ハ	法	パ	ク	活	猟	活	陶	法	ハ

解剖学 免疫学
考古学 言語学
天文学 力学
生化学 気象学
生物学 鉱物学
植物学 神経学
化学 心理学
生態学 社会学
生理 熱力学
地質学 動物学

47 - Scienza

気	ミ	活	ー	陶	真	狩	グ	自	猟	ハ	影	レ	狩
プ	候	ネ	化	石	書	影	研	り	然	ジ	重	カ	方
陶	パ	り	ラ	進	化	原	究	科	学	者	み	リ	法
法	芸	び	ム	ル	粒	子	室	分	子	み	物	狩	グ
狩	ー	物	芸	ー	影	ジ	影	画	品	レ	興	画	ム
喜	品	喜	撮	釣	狩	レ	影	レ	ル	物	法	観	察
園	品	ゲ	園	読	写	活	芸	ゲ	シ	ル	ク	レ	活
写	ズ	猟	魔	真	ャ	シ	釣	ム	ジ	物	び	釣	活
画	絵	撮	写	ジ	写	ハ	ハ	狩	り	り	ル	猟	み
仮	説	キ	事	実	験	み	ー	パ	エ	釣	真	撮	り
ク	芸	味	ハ	プ	パ	真	生	パ	化	ン	イ	活	猟
法	興	工	園	読	ジ	ゲ	物	理	学	ハ	エ	ー	ズ
魔	写	シ	び	釣	真	魔	活	釣	薬	デ	ー	タ	ラ
ム	喜	物	プ	り	り	物	真	猟	品	品	猟	狩	ャ

原子	仮説
化学薬品	研究室
気候	方法
データ	ミネラル
実験	分子
進化	自然
事実	生物
物理学	観察
化石	粒子
重力	科学者

48 - Acqua

ゲ	活	釣	釣	編	ム	キ	喜	園	り	ダ	ー	絵	モ
リ	影	品	園	ー	真	読	パ	ハ	雪	リ	撮	ダ	ン
キ	読	絵	動	キ	キ	動	パ	画	ン	ム	キ	り	ス
ハ	リ	ケ	ー	ン	ャ	ン	釣	ク	ル	陶	ゼ	編	ー
海	湖	編	真	灌	キ	み	ル	イ	シ	ャ	ワ	ー	ン
洋	興	ー	エ	漑	書	ャ	編	キ	興	猟	ハ	影	ー
グ	エ	編	ゼ	ズ	イ	芸	ャ	釣	法	魔	ズ	み	び
影	写	編	エ	川	ジ	興	エ	魔	間	物	味	編	エ
釣	編	シ	ジ	魔	ル	ダ	湿	度	編	欠	ル	び	活
蒸	発	み	読	法	ハ	喜	っ	運	河	芸	泉	パ	真
ー	気	園	洪	雨	釣	影	た	ム	ラ	り	喜	釣	芸
魔	魔	飲	水	氷	動	猟	絵	芸	魔	ズ	絵	活	撮
魔	活	め	リ	ラ	写	ゼ	釣	ラ	霜	園	興	真
影	品	る	び	ゼ	影	ル	絵	ー	ン	リ	ム	波	シ

洪水   海洋
運河   飲める
シャワー   湿度
蒸発   湿った
間欠泉   ハリケーン
灌漑   蒸気
モンスーン

49 - Surf

ズルダプびリ編陶リ猟ム真天真
写法初ー陶ゲク味ーパル人気の魔
写群衆心写ハ法パフドジプキ活
イ品ー園者ゲゼ真味ル読プびー
強さ猟活ーパ動り真品プルキ芸
ゼイ芸チビ興レり品び猟味ル画
園ーハャー法魔法狩ズ写ルグ読
キび喜ンチり活ゲ狩ゲーゼ園写
ズシリピジリ活み狩ラクエ海猟陶
書猟ンオみスタイル絵活法洋ャ
エ興胃ンイプ影泡味楽読喜芸び
アスリートレ撮パ味ラ速味波
園真パリ写ーーり園しラ速度ムプ
ンハみシ読法ゲム写いび芸プ

アスリート　　　　　　人気の
チャンピオン　　　　　初心者
楽しい　　　　　　　　リーフ
群衆　　　　　　　　　ビーチ
強さ　　　　　　　　　スプレー
天気　　　　　　　　　スタイル
海洋　　　　　　　　　速度
パドル

50 - Imbarcazioni

ル	ブ	り	ゲ	シ	釣	撮	物	画	ム	プ	ラ	パ	ズ
品	イ	ゲ	読	品	写	ル	ジ	園	プ	法	イ	物	編
法	狩	法	グ	狩	ム	ン	エ	ジ	物	ゼ	陶	り	撮
ジ	喜	ゼ	ム	海	釣	波	カ	ヤ	ッ	ク	ル	ー	シ
び	画	リ	画	洋	ャ	編	ャ	書	ル	影	絵	海	ノ
書	絵	撮	プ	ロ	プ	動	フ	プ	絵	マ	ス	ト	ー
レ	撮	絵	川	セ	ー	ラ	ー	エ	ジ	撮	い	書	テ
ャ	イ	陶	ア	ゼ	ジ	プ	プ	釣	リ	陶	か	ゲ	ィ
エ	ン	ジ	ン	潮	真	ラ	編	ラ	エ	ー	だ	書	カ
り	エ	り	カ	ヌ	ー	湖	パ	読	ン	猟	み	法	ル
味	撮	読	ー	写	写	味	陶	ン	エ	喜	活	ヨ	ン
ラ	書	釣	法	園	影	ム	活	ド	ッ	ク	芸	ッ	ジ
ャ	リ	撮	り	物	ム	喜	び	ジ	ル	興	ト	味	
ズ	シ	レ	狩	び	レ	ル	ー	芸	エ	パ	ム	グ	動

マスト
アンカー
ブイ
カヌー
ロープ
ドック
クルー
カヤック

セーラー
エンジン
ノーティカル
海洋
フェリー
ヨット
いかだ

51 - Api

喜キダゼ魔リ園蜂ャ女王撮り動
巣箱み花粉釣園ハ蜜生態系書り
興昆群ゲフルーツラ品り品ラゼ
ャ虫れ撮エエプハ活園エリ動法
イク園写撮ャリレ工芸ダ真シ撮
写品狩ラ興ズグ太ゼみエ多様性
品書魔書活芸ン陽猟ム煙釣ル編
リグ狩シグ園パリみ猟リ食ム画
パラシ狩エ園有益イ翼イ品べ植
味生息地パ狩動物活キ影ムク物
ル品釣品味グジ読庭工魔法撮ゼ
釣シ品ダ活エ書猟プ真影ジび
ワックスシびび読影ンラ味花味
み撮真品レ興シ喜物撮ズエび園

巣箱	昆虫
有益	蜂蜜
ワックス	植物
食べ物	花粉
多様性	女王
生態系	群れ
フルーツ	太陽
生息地	

52 - Conservazione

絵 健 康 リ ボ ラ ン テ ィ ア ダ 環 リ エ
グ び シ 編 撮 汚 ズ り 読 気 み 境 写 魔
プ 有 機 ン 法 染 読 エ ゲ 物 候 緑 ゼ 味
持 ゼ ゲ プ リ サ イ ク ル 書 品 ダ ゼ 撮
続 影 み ム ゼ 法 影 編 ハ ズ ム り 園 写
可 絵 喜 り ム レ 喜 絵 芸 狩 ム 園 シ イ
能 品 ラ 画 ゲ ゲ み ル 物 陶 活 一 魔 興
一 陶 味 ナ チ ュ ラ ル ゲ ラ 釣 削 魔 び
ゲ 編 パ み 魔 狩 生 息 地 一 レ ゲ 減 エ
ゼ 影 シ レ 物 真 態 編 水 キ 影 編 芸 み
喜 ラ 撮 懸 念 プ 系 猟 編 絵 プ ハ プ 魔
農 魔 ル 狩 ズ 喜 写 ン み ク び パ ム ル
シ 薬 撮 レ サ イ ク ル 影 び 書 教 育 味
ン 法 影 撮 読 び 編 ゼ び リ 品 影 読 芸

環境　　　　　　有機
サイクル　　　　農薬
気候　　　　　　懸念
生態系　　　　　リサイクル
教育　　　　　　削減
生息地　　　　　健康
汚染　　　　　　持続可能
ナチュラル　　　ボランティア

53 - Strumenti Musicali

マ	リ	グ	ジ	グ	イ	興	プ	マ	ル	写	エ	影	み
ダ	リ	ピ	プ	真	ジ	ジ	ゼ	ン	レ	猟	ク	タ	狩
法	び	ン	ア	サ	ッ	ク	ス	ド	キ	喜	興	ン	ャ
リ	ク	法	バ	ノ	ン	釣	み	リ	ル	読	シ	バ	ギ
ク	影	活	興	ン	ゲ	釣	読	ン	グ	書	ハ	リ	タ
キ	リ	リ	ハ	魔	ジ	陶	ハ	ー	モ	ニ	カ	ン	ー
キ	ャ	ズ	魔	び	品	ョ	法	ゴ	ン	グ	ゼ	キ	ラ
真	み	画	グ	画	フ	ル	ー	ト	グ	チ	パ	ム	魔
シ	物	ゼ	ク	ト	ラ	ン	ペ	ッ	ト	ェ	絵	エ	ト
撮	み	ド	ラ	ム	バ	イ	オ	リ	ン	ロ	芸	園	ロ
イ	陶	ゼ	リ	物	活	パ	ー	カ	ッ	シ	ョ	ン	ン
ラ	シ	猟	ネ	活	釣	狩	ボ	喜	陶	活	イ	園	ボ
フ	ァ	ゴ	ッ	ト	み	ム	エ	レ	絵	写	び	ン	ー
レ	喜	ハ	ト	レ	キ	イ	画	ル	ハ	ー	プ	釣	ン

ハーモニカ	オーボエ
ハープ	パーカッション
バンジョー	ピアノ
ギター	サックス
クラリネット	タンバリン
ファゴット	ドラム
フルート	トランペット
ゴング	トロンボーン
マンドリン	バイオリン
マリンバ	チェロ

54 - Professioni #2

エ	ー	撮	芸	ダ	物	リ	芸	ャ	プ	シ	園	味	喜
釣	ン	釣	グ	ル	絵	撮	ク	エ	ハ	イ	パ	品	書
調	イ	ジ	味	キ	ン	ゲ	撮	狩	レ	品	レ	キ	編
査	シ	ャ	ニ	ズ	イ	ラ	ス	ト	レ	ー	タ	ー	ハ
員	イ	ー	ー	ア	り	法	ム	写	写	ン	リ	エ	ダ
影	魔	ナ	狩	グ	ラ	言	画	真	動	物	学	者	ー
ゲ	活	リ	歯	絵	編	語	法	家	パ	イ	ロ	ッ	ト
動	活	ス	医	書	魔	学	先	研	究	者	キ	品	ャ
画	ダ	ト	者	哲	学	者	生	ー	イ	読	レ	撮	キ
陶	エ	パ	ダ	ゲ	司	物	物	読	読	み	プ	ゼ	ー
宇	宙	飛	行	士	書	グ	学	グ	真	編	レ	ー	撮
発	ハ	外	ゲ	ハ	活	ゲ	者	味	動	シ	ク	ル	医
明	ム	撮	科	ル	味	読	品	陶	品	猟	品	庭	師
者	ャ	芸	陶	医	ム	編	キ	ル	び	狩	興	パ	ズ

宇宙飛行士	エンジニア
司書	先生
生物学者	発明者
外科医	調査員
歯医者	言語学者
哲学者	医師
写真家	パイロット
庭師	画家
ジャーナリスト	研究者
イラストレーター	動物学者

55 - Letteratura

ゲ 比 喩 分 一 書 ジ 韻 ジ 写 興 興 興 詩
対 話 較 析 活 絵 ャ 説 明 ル 物 写 レ 的
書 画 真 興 ン ズ ン キ り 味 ル り ダ プ
味 ャ 興 書 動 画 ル 影 喜 シ イ 陶 園 り
物 ダ リ 一 画 味 エ 書 品 撮 キ 絵 シ ク
詩 芸 活 パ 動 り 興 ム ク イ 編 影 パ ル
ラ 喜 画 釣 レ テ プ 著 び ス り ズ 園 芸
猟 小 び キ 品 一 ゲ ゲ 者 狩 タ シ び 写
ジ 説 意 影 ハ マ 園 パ 類 推 読 イ ラ レ
伝 記 見 び ハ レ レ 魔 シ プ 編 猟 ル 猟
物 リ 狩 画 ゲ 法 逸 話 画 味 狩 ル 絵
ン ズ ン 編 悲 活 芸 一 活 釣 書 芸 ダ ズ
真 ム 動 ク 劇 レ 読 エ 物 影 喜 ゼ 絵
ム 動 り 陶 真 び ゲ 猟 喜 結 論 書 真 ゲ

分析   ジャンル
類推   比喩
逸話   意見
著者   詩的
伝記   リズム
結論   小説
比較   スタイル
説明   テーマ
対話   悲劇

56 - Cibo #2

ゼ	チ	ー	ズ	釣	法	読	ゲ	影	キ	ノ	コ	茄
ゲ	ョ	魔	読	ム	リ	喜	ゲ	魔	喜	ウ	動	興	子
芸	コ	喜	撮	チ	物	芸	法	狩	小	イ	画	ク	撮
リ	レ	活	魔	キ	り	狩	動	書	麦	狩	画	ム	グ
画	ー	撮	ジ	ン	グ	法	シ	ゼ	喜	ョ	画	画	園
イ	ト	プ	ゼ	園	ク	イ	画	ブ	法	ー	品	品	ー
活	セ	マ	園	バ	魔	グ	キ	ロ	味	グ	撮	イ	品
ン	ロ	画	ト	ナ	シ	興	ア	ッ	プ	ル	動	陶	ゲ
魚	リ	味	ハ	ナ	猟	葡	書	コ	り	ト	キ	み	レ
編	ゲ	キ	ャ	興	撮	萄	キ	リ	芸	キ	ム	撮	ダ
法	園	品	味	動	グ	味	釣	ー	真	読	パ	味	卵
ム	米	パ	プ	品	シ	撮	り	キ	ラ	ズ	動	ン	撮
撮	狩	絵	リ	猟	キ	編	エ	ハ	ム	陶	釣	リ	絵
プ	ダ	ラ	ル	チ	ェ	リ	ー	動	物	グ	ル	法	び

バナナ	茄子
ブロッコリー	パン
チェリー	チキン
チョコレート	トマト
チーズ	ハム
キノコ	セロリ
小麦	葡萄
キウイ	ヨーグルト
アップル	

57 - Nutrizione

喜	編	み	画	ン	興	釣	消	炭	ダ	猟	ー	陶	ハ
写	パ	猟	リ	重	さ	真	化	水	撮	イ	ゼ	芸	元
ャ	ク	健	液	体	物	影	レ	化	シ	撮	エ	ン	気
苦	ズ	康	法	み	バ	写	猟	物	影	ル	真	ッ	ー
い	品	レ	毒	ジ	ラ	真	り	栄	ソ	ル	撮	芸	ト
キ	質	ゼ	素	タ	ン	パ	ク	質	養	ー	園	法	喜
リ	グ	法	魔	絵	ス	イ	芸	ダ	撮	素	ス	ビ	ラ
猟	ー	園	狩	パ	び	イ	リ	リ	ク	真	パ	タ	レ
陶	陶	グ	ル	ダ	シ	ハ	真	レ	ズ	プ	イ	ミ	り
書	ハ	書	ャ	び	ー	写	味	レ	法	陶	ス	ン	ハ
書	狩	書	ム	発	食	欲	魔	ャ	猟	画	キ	ー	陶
味	ム	喜	ダ	酵	リ	パ	活	ム	魔	シ	ン	編	狩
読	ー	プ	レ	グ	ダ	ゼ	味	ゼ	ル	ク	喜	ゲ	キ
プ	編	ハ	カ	ロ	リ	ー	イ	シ	物	グ	食	用	ハ

苦い
食欲
バランス
カロリー
炭水化物
食用
ダイエット
消化
発酵
液体

栄養素
重さ
タンパク質
品質
ソース
健康
元気
スパイス
毒素
ビタミン

58 - Matematica

小画レゼン園ム画読ル書ーグ興
数レイ直径方品パキズ算ジプ品
絵円興写動程狩撮書和術レ魔リ
ー周分数平式ボリューム三ル園
ダ囲リー行ル平書ゲり矩角幾グ
物ー釣指法シム行真多角形何読
レりみ数編興書味四角度ハ学ー
リリク釣釣ハ書ジ品辺品垂釣味
エラ釣パラプ芸イハ品形直ハ品
写キ半法びム読りイリみゼ園ゲ
クりリ径園動キエ狩園ハーグ画
みびムゼリ真み影レダ影ングり
読ズ物対法ク書味クびダ動園陶
ダ影ゲ称法り物絵ム味ャラジグ

角度	平行四辺形
算術	周囲
円周	垂直
小数	多角形
直径	半径
方程式	矩形
指数	対称
分数	三角形
幾何学	ボリューム
平行	

59 - Vacanza #1

動	味	ム	税	み	釣	芸	動	リ	ャ	み	シ	ス	ー
り	ダ	ハ	関	芸	ゲ	物	ラ	車	動	イ	味	ー	読
ダ	プ	リ	シ	ク	動	工	芸	バ	リ	味	園	ツ	釣
法	レ	影	釣	狩	品	狩	キ	ッ	物	ン	魔	ケ	パ
キ	ハ	魔	ツ	チ	ケ	ッ	ト	ク	ル	路	み	ー	猟
博	物	館	ー	傘	芸	レ	み	パ	旅	魔	面	ス	陶
イ	ク	リ	リ	キ	書	書	ハ	ッ	程	り	パ	電	書
リ	影	レ	ス	み	り	味	ズ	ク	飛	行	機	ゼ	車
猟	ー	陶	ト	味	猟	エ	レ	ハ	り	ジ	興	ム	喜
真	動	狩	ー	り	編	陶	み	陶	芸	喜	び	リ	陶
法	キ	ゲ	シ	ク	リ	ラ	ク	ゼ	ー	シ	ョ	ン	ゲ
ジ	ン	釣	活	リ	味	撮	興	味	通	ジ	喜	パ	猟
プ	品	撮	陶	ダ	活	ゼ	真	狩	ゲ	貨	品	出	ー
写	み	遠	征	湖	キ	リ	ム	ゼ	ム	味	動	品	発

飛行機
チケット
税関
旅程
博物館
出発
リラクゼーション

遠征
路面電車
ツーリスト
スーツケース
通貨
バックパック

60 - Bagno

ラ	レ	画	ズ	グ	絵	喜	編	ゼ	エ	水	ク	シ	ゼ
エ	ジ	撮	ズ	ラ	ー	ダ	シ	ー	画	キ	ス	ャ	活
ラ	エ	動	ト	イ	レ	蒸	気	書	画	味	ポ	ン	シ
影	み	シ	プ	猟	ル	物	画	ャ	ズ	ラ	ン	プ	イ
ク	影	活	シ	品	ズ	芸	芸	ャ	ラ	ラ	ジ	ー	り
グ	み	画	読	ン	魔	ル	ロ	パ	興	リ	ダ	狩	ラ
タ	は	さ	み	味	シ	ャ	ワ	ー	釣	香	水	ク	園
オ	絵	芸	ハ	園	釣	シ	ャ	グ	ラ	シ	リ	パ	み
ル	ム	エ	パ	レ	リ	ズ	リ	品	泡	ョ	絵	キ	狩
ク	陶	リ	動	物	物	り	写	物	エ	影	ン	レ	喜
物	リ	ラ	ク	猟	イ	ラ	芸	び	パ	り	プ	ハ	ハ
ル	活	グ	法	ム	喜	石	写	ャ	写	イ	グ	影	キ
写	園	魔	陶	興	ム	レ	鹸	影	動	蛇	活	ー	読
猟	影	真	狩	法	芸	パ	パ	浴	鏡	ロ	グ	活	写

タオル	蛇口
シャワー	石鹸
はさみ	シャンプー
トイレ	スポンジ
ローション	ラグ
香水	蒸気

61 - Meditazione

```
親自然芸猟エゼ思興影受撮パラ
切び釣ルキみり考釣ラけ法ーラ
レプ物ゲラ写法パ品入猟スキ
活り観察プ平マび思れ物ペハ
動真シ喜パイ和イズい喜陶ク興
ズきク写ー法ムン芸れ絵物テ呼
メズ写法ムラドみや興影ィ吸
ングレ興パパ教えりみ書クブび
タ釣レ狩真情ルみ喜影音プ
ルハ陶狩味ラ謝ャリ陶楽パ
姿り陶物みイ絵写び真園ー
園勢リン編絵ダ沈パ影ムゼ
ムジ明快狩ー読喜キ黙ズク喜
品園狩グ書み絵ジ注絵りエ
品園法動品園リャ意ゲ絵り工
```

受け入れ　　　　　動き
注意　　　　　　　音楽
明快　　　　　　　自然
思いやり　　　　　観察
感情　　　　　　　平和
親切　　　　　　　思考
感謝　　　　　　　姿勢
教え　　　　　　　パースペクティブ
メンタル　　　　　呼吸
マインド　　　　　沈黙

62 - Estate

ダ	ゼ	ム	プ	法	休	喜	び	キ	レ	陶	写	味	り
イ	サ	ン	ダ	ル	暇	キ	家	ャ	ジ	プ	写	影	ビ
ビ	ー	釣	シ	編	友	シ	り	ン	ャ	リ	猟	動	ー
ン	ル	芸	猟	ゲ	釣	達	絵	プ	ー	編	グ	味	チ
グ	画	魔	ジ	リ	パ	ダ	編	画	写	音	物	シ	キ
キ	り	釣	釣	星	思	い	出	び	パ	楽	絵	ハ	絵
絵	エ	エ	ゼ	リ	陶	品	法	ゲ	ズ	キ	ク	動	物
イ	ン	エ	ハ	猟	ラ	活	ゼ	物	ジ	家	園	シ	ク
パ	旅	ル	品	動	猟	ク	パ	ル	ル	族	パ	活	狩
イ	行	ラ	画	活	ル	ム	ゼ	ズ	味	グ	動	興	ル
品	プ	イ	園	食	べ	物	ゲ	ー	ム	法	イ	ン	キ
び	リ	活	り	ー	猟	り	園	ダ	シ	プ	エ	真	書
ハ	法	撮	猟	影	ゼ	プ	品	撮	海	ョ	ル	ゼ	籍
ラ	ー	ゼ	活	リ	庭	キ	猟	シ	猟	撮	ン	ラ	法

友達	音楽
キャンプ	思い出
食べ物	リラクゼーション
家族	サンダル
ゲーム	ビーチ
喜び	レジャー
ダイビング	休暇
書籍	旅行

63 - Escursionismo

ゼ	ル	ゼ	写	絵	パ	ゲ	動	ダ	興	山	動	物	ラ
レ	り	イ	気	候	ダ	び	喜	ダ	写	レ	編	活	ク
陶	キ	釣	エ	ム	ャ	ジ	ズ	芸	法	ハ	芸	真	書
魔	ャ	グ	品	ゼ	シ	み	ラ	撮	法	エ	オ	地	図
プ	ン	パ	ク	味	魔	エ	太	絵	プ	写	リ	ゼ	読
ル	プ	イ	石	味	猟	グ	陽	イ	園	ー	エ	り	品
芸	画	ゲ	自	エ	み	活	写	ー	ゼ	野	ン	ャ	ダ
興	ン	キ	準	然	重	い	疲	み	ン	生	テ	ン	シ
崖	ク	ゼ	釣	備	狩	撮	れ	公	園	ブ	ー	ツ	活
影	パ	写	み	ゼ	蚊	プ	た	レ	イ	ー	シ	ゼ	ク
芸	絵	ー	ャ	エ	ラ	影	真	ガ	イ	ド	ョ	リ	画
ハ	ー	狩	リ	芸	ゲ	陶	ム	ゲ	書	写	ン	ラ	り
イ	真	サ	ミ	ッ	ト	り	水	エ	ー	ル	興	び	陶
ン	ャ	園	狩	影	芸	び	動	編	真	び	ブ	ー	ム	味

動物
キャンプ
気候
ガイド
地図
自然
オリエンテーション
公園

重い
準備
野生
太陽
疲れた
ブーツ
サミット

64 - Professioni #1

配編銀行家プルシパズ看コピ芸
管影集物芸ゼイ魔味ハ護ーアゼ
エレ喜者書編大踊り子婦チニ興
ムシ撮レエダ使写シ品ン動スト
クム活リ魔天ンイ薬剤師味トび
撮弁グャ絵書文プゲ品書ムイび
クキ護読獣医プ学法宝絵法狩編
ムャラ士シ法陶ハ者石ャラ画味
動アーティスト絵ジ商ゼ絵リグ
プハキ地図製作者釣撮魔園ゼり
音楽家質陶びク狩喜ハンターャ
科学者学釣園工陶イ釣クリプク
心理学者絵リ影ゲ狩読猟真ハみ
キ興ンーゲズ法パグ釣クシ写ラ

コーチ   薬剤師
大使   地質学者
アーティスト   宝石商
天文学者   配管工
弁護士   看護婦
踊り子   音楽家
銀行家   ピアニスト
ハンター   心理学者
地図製作者   科学者
編集者   獣医

65 - Antartide

写 狩 シ 撮 ャ 動 影 ダ ク ミ 品 雲 撮 ラ
レ ジ 影 画 グ エ 品 ラ ラ ジ ネ ゼ み び
エ 動 撮 ダ ハ ダ 陶 ム 書 写 ラ ラ 園 ル
法 物 び キ 書 ダ ー ル ム ム ム 活 ル 半
絵 氷 品 物 ム プ み ロ ッ キ ー エ 画 島
移 行 エ 法 ャ 真 ゲ パ ベ ム ゼ キ 保 全
ハ 動 ル シ 読 キ 画 園 イ 陶 キ 真 絵 絵
狩 び 画 真 物 ダ 遠 絵 影 シ 園 水 み 科
画 写 ゼ 味 ン 真 征 ャ ル ー パ ラ ゲ 学
環 境 興 影 影 研 芸 温 度 読 ゼ ク 味 的
狩 動 編 ダ グ 究 動 ジ 釣 芸 ー 釣 エ 絵
ー 物 品 キ エ 者 釣 イ ク ズ ゲ パ 興 味
品 ラ 喜 キ 影 喜 グ 読 ン 絵 大 エ 地 形
喜 シ キ プ 氷 河 び 真 活 み 陸 喜 絵 理

環境　　　　　　　ミネラル
ベイ　　　　　　　半島
クジラ　　　　　　研究者
保全　　　　　　　ロッキー
大陸　　　　　　　科学的
地理　　　　　　　遠征
氷河　　　　　　　温度
移行　　　　　　　地形

66 - Libri

み	リ	ダ	パ	エ	り	陶	読	読	陶	二	重	性	ズ
書	読	者	書	ゼ	ラ	興	ム	法	読	シ	絵	釣	ジ
か	ラ	撮	品	び	書	ル	ン	び	プ	ゼ	狩	ジ
れ	シ	ン	ゲ	読	ジ	ン	ム	味	シ	撮	園	物
た	影	書	プ	写	猟	真	動	芸	リ	ラ	ク	猟
ナ	レ	ー	タ	ー	魔	写	動	詩	び	ラ	み	ゲ	真
関	連	す	る	発	園	ハ	釣	ー	み	シ	グ	ゲ
ゼ	ゼ	ャ	文	み	明	リ	物	コ	ズ	シ	陶	ラ
ク	絵	ー	イ	学	レ	狩	著	ム	び	グ	キ	画
冒	ス	ト	ー	リ	ー	ラ	釣	者	レ	法	釣	魔	ャ	品
動	険	猟	ゼ	ハ	編	ズ	ク	シ	ゲ	興	ラ	ラ
小	説	ユ	ー	絵	歴	ズ	ョ	園	猟	真	ク	ジ
ム	み	猟	パ	モ	ラ	史	ン	エ	ピ	ッ	タ	ー
ズ	読	ゼ	ゲ	プ	グ	劇	的	ペ	ー	ジ	ー	撮
				ク	釣	真	ク	法	魔	興	陶		撮

著者	ページ
冒険	関連する
キャラクター	小説
コレクション	書かれた
二重性	シリーズ
エピック	ストーリー
発明	歴史的
文学	悲劇的
読者	ユーモラス
ナレーター	

67 - Geografia

世界ハラみダレ法川ラズエ狩園
画ジ狩興味読ーゲびエレ魔島撮
園陶品国子午線西味レ猟ー写園興
ャゲリゼ絵影アト品猟影写プズ喜
ラリ芸物経画ト釣ズ画シパー陶
パ猟海猟猟度ラ釣写ン絵ゲ編味
物編地域シレス陶ーイル地高度
山書書エグー活喜キル画図ズ狩
興ジ品緯パゲ真活味活動エエパ
喜市ジキ度猟写南真ム半パラパ
読リりダプ釣書動び魔球画法ラ
ゲイ釣イゲ書ル興真撮撮興撮ラ
ーム芸ゲ動み影領域ゲ大陸書活
編書ダンゼムみ北撮芸法撮キイ

高度　　　　　　　地図
アトラス　　　　　子午線
大陸　　　　　　　世界
半球　　　　　　　領域
緯度　　　　　　　地域
経度

68 - Cibo #1

オ	ジ	狩	ダ	パ	レ	み	ャ	狩	砂	シ	ナ	モ	ン
オ	ュ	魔	ン	ャ	モ	ニ	ジ	リ	糖	ダ	び	ク	喜
ム	ー	ケ	ー	キ	ン	玉	ン	喜	編	バ	活	ム	梨
ギ	ス	ミ	ル	ク	塩	プ	葱	ニ	味	ジ	ー	絵	陶
書	パ	ン	動	イ	パ	活	プ	ほ	ク	ル	プ	ン	レ
撮	喜	ト	猟	ツ	ナ	び	ズ	う	ラ	み	絵	び	ク
ル	ズ	味	活	芸	イ	レ	に	れ	リ	ゲ	リ	絵	ン
物	写	法	シ	ハ	カ	ダ	釣	ん	ャ	興	パ	プ	ダ
ダ	活	ゲ	写	芸	ブ	ハ	レ	草	じ	ズ	み	画	グ
キ	ゲ	動	グ	イ	狩	品	喜	エ	リ	ん	絵	ダ	影
エ	ジ	物	ー	園	真	味	キ	撮	釣	喜	陶	ン	ル
影	書	ム	び	物	ル	狩	レ	書	ム	ラ	ル	魔	釣
動	ラ	り	物	喜	サ	ラ	ダ	物	み	苺	物	ズ	グ
猟	び	品	ダ	ゲ	キ	グ	陶	ゲ	レ	狩	読	パ	肉

ニンニク 　　　　　　ミント
バジル　　　　　　　　オオムギ
シナモン　　　　　　　カブ
にんじん　　　　　　　ほうれん草
玉葱　　　　　　　　　ジュース
サラダ　　　　　　　　ツナ
ミルク　　　　　　　　ケーキ
レモン　　　　　　　　砂糖

69 - Aeroplani

エンジンみシ陶魔魔旅陶パ方び
法びエ真読雾囲気パ客リイ向みキ
編プ興り ラゼ喜画物燃料ロびキ影
高さ動編読喜建水ー物魔ッびプ芸
書撮ラプ動レ設計素興ジトラ ズ魔
陶ン釣芸興ン陶冒険空気プラ ズエ真
撮物高物びレ陶釣影バクプ ラズエ真
釣写度エ魔喜芸園釣園ルエ狩ンル
イ絵ラ着陸撮園ハ画ダー狩絵
興活ムエ陶み書ゲ真ジンンルパ
園プ編画リ撮パ歴レプレ降下エ釣
芸芸魔ム書ムゲ史法撮ジシエ物法
魔動ズムャ乱流喜レ法狩び書みイ
ズ写影猟魔ン園狩編活ゼ書みイ

高さ	降下
高度	クルー
空気	水素
雾囲気	エンジン
着陸	バルーン
冒険	旅客
燃料	パイロット
建設	歴史
設計	乱流
方向	

70 - Pirati

書	宝	ラ	活	芸	ム	レ	物	ゲ	狩	喜	キ	釣
芸	イ	活	猟	味	釣	ダ	シ	ラ	コ	味	ャ	味
魔	キ	イ	ャ	ル	プ	伝	説	コ	イ	釣	ビ	プ	グ
パ	影	ラ	園	地	猟	園	絵	ア	ン	カ	ー	テ	活
ー	レ	剣	ク	図	リ	喜	品	魔	ー	パ	チ	ン	ズ
キ	猟	冒	ン	ル	ャ	書	び	物	ハ	読	ス	編	編
ゲ	芸	険	興	ゴ	ー	ル	ド	狩	ラ	芸	編	狩	園
猟	法	ゼ	危	険	プ	魔	ダ	読	ム	レ	釣	り	活
写	レ	動	イ	活	ダ	ー	動	ダ	み	興	ラ	傷	跡
ラ	ル	ー	ズ	ル	芸	ク	魔	絵	エ	悪	い	ム	ラ
園	島	イ	猟	ゼ	狩	画	書	ダ	パ	ジ	ダ	編	酒
ジ	物	猟	動	リ	リ	品	イ	エ	書	芸	キ	グ	り
旗	洞	窟	オ	ウ	ム	ム	動	ダ	ジ	法	魔	パ	影
ダ	ジ	ラ	動	影	法	プ	活	真	読	真	ー	真	釣

アンカー	伝説
冒険	地図
コンパス	コイン
キャプテン	ゴールド
悪い	オウム
傷跡	危険
クルー	ラム酒
洞窟	ビーチ

71 - Colori

物魔ズ撮ル物絵釣芸喜ゼ魔魔釣
動読ラシ真真プ活ジンリズ芸パ
品編ジエり釣物書絵ルイ写ググ
狩編書ゲエゼ陶ク紫狩釣活レ
ズ編白シみ活撮びリ赤活黄色ー
イズいベージュンムフ魔品びー
ー真プ緑シャパ活ゾ興ク絵味写
喜撮ルエ画影シインジゴシレゲ
ブ影キ活読書キハりイム読ア写
ラ味パマ法グ活青品ダシ品茶ズ
ッ紺碧ゼキ物キゲセピアクャ色
クオレンジ陶シ芸ーハン魔味物
釣写ダター活イ真ャゲ魔クゼ釣
書シ書絵物動園興真味クレラゼ

オレンジ	グレー
紺碧	インジゴ
ベージュ	マゼンタ
白い	茶色
シアン	ブラック
クリムゾン	ピンク
フクシア	セピア
黄色	

72 - Spiaggia

```
ラ ゲ 釣 書 ラ パ 活 撮 ゼ 物 傘 芸 写 撮
写 味 ズ 撮 グ 海 品 び ズ プ リ 画 ク 読
ゲ 活 ラ サ ー 絵 イ 活 品 法 ー 物 み び
画 ゲ 芸 ボ ン 撮 読 喜 狩 画 興 読 び 喜
狩 園 ド ー 海 ダ ー 物 り 釣 み 釣 ム 園
レ ヨ ッ ト び 洋 ル 休 暇 ャ ン レ 物 ク
ャ イ ク 陶 ラ キ キ ル 絵 タ オ ル ン ダ
陶 海 岸 グ り イ 狩 太 陽 ダ 芸 ダ 動 青
絵 魔 リ ー フ ム キ 動 釣 猟 り 真 ー 画
び ダ 読 カ ニ 真 イ 猟 画 パ ハ ゲ 猟 書
品 キ ハ 活 キ ク 芸 ジ 書 ル み 読 ー 島
写 ム ン 画 ジ 影 芸 ゲ ハ ハ リ 園 物 ゼ
ク み ー パ 写 品 真 芸 ゼ 魔 グ ハ ゲ 物
砂 撮 影 ラ 絵 ゼ 園 写 ン レ 陶 び 物 ゲ
```

タオル	ラグーン
ボート	海洋
ヨット	サンダル
海岸	リーフ
ドック	太陽
カニ	休暇

73 - Avventura

ゲ	珍	撮	撮	準	写	味	動	猟	ダ	芸	み	動	書
釣	エ	し	ン	新	備	画	撮	写	旅	安	全	性	ダ
パ	ル	シ	い	着	喜	園	陶	キ	程	ル	イ	書	品
真	行	き	先	ゲ	び	活	絵	困	活	ム	レ	ジ	ジ
グ	絵	機	興	ジ	写	グ	シ	難	真	ズ	チ	パ	喜
り	ズ	会	ャ	ゲ	ゲ	編	ン	課	ム	ジ	ャ	法	魔
魔	み	活	狩	シ	活	熱	グ	題	グ	び	ン	味	ン
芸	狩	み	ー	釣	編	意	陶	書	ゲ	危	ス	動	ジ
陶	読	読	遠	ナ	ビ	ゲ	ー	シ	ョ	ン	険	シ	写
ム	味	グ	足	ダ	活	勇	気	ラ	法	キ	リ	な	レ
グ	動	ダ	興	レ	活	釣	ダ	画	法	影	ク	シ	物
シ	画	ゲ	レ	活	イ	プ	物	ゼ	自	然	ゲ	読	影
み	釣	ン	ダ	喜	友	味	イ	写	釣	プ	写	ズ	狩
ジ	ズ	画	品	ジ	達	リ	ハ	グ	美	し	さ	活	動

友達	珍しい
活動	旅程
美しさ	自然
チャンス	ナビゲーション
勇気	新着
行き先	機会
困難	危険な
熱意	準備
遠足	課題
喜び	安全性

74 - Forme

一	画	ピ	ラ	ミ	ッ	ド	ラ	楕	三	角	形	プ	味
ハ	物	キ	イ	読	猟	ゼ	ム	円	三	グ	ズ	リ	活
シ	書	狩	ン	イ	双	ン	ラ	ジ	乗	興	ル	ズ	撮
ハ	味	エ	法	パ	曲	線	シ	リ	ン	ダ	ー	ム	釣
編	ー	レ	物	撮	線	び	み	シ	味	真	ク	ラ	エ
ゲ	法	ン	り	興	撮	側	パ	ダ	釣	キ	プ	ラ	ズ
円	パ	ダ	プ	読	園	ハ	ャ	エ	猟	動	絵	釣	グ
錐	狩	園	ダ	書	園	ク	法	ゲ	み	ン	楕	り	多
品	写	書	ゼ	ャ	グ	り	興	ジ	読	ク	エ	円	角
ゲ	プ	ジ	ー	レ	読	活	ズ	ア	魔	イ	ッ	矩	形
動	ダ	ゲ	猟	ゼ	ム	絵	コ	ー	ナ	ー	ジ	陶	り
み	釣	プ	び	写	画	味	ャ	ク	プ	ダ	撮	エ	絵
ム	猟	キ	プ	ゲ	動	ハ	影	り	写	興	読	エ	味
レ	編	ャ	読	魔	ー	り	ム	写	ダ	り	書	絵	ャ

コーナー　　　　　　　双曲線
アーク　　　　　　　　ライン
エッジ　　　　　　　　楕円形
シリンダー　　　　　　ピラミッド
円錐　　　　　　　　　多角形
三乗　　　　　　　　　プリズム
曲線　　　　　　　　　矩形
楕円　　　　　　　　　三角形

75 - Oceano

ズ	ツ	塩	芸	レ	り	プ	ジ	イ	み	園	エ	レ	プ
び	ナ	喜	活	ク	ム	品	喜	画	シ	ー	ビ	ゼ	ジ
リ	ー	フ	芸	陶	真	レ	ハ	味	影	絵	画	ク	陶
ー	ハ	ゼ	ゲ	プ	み	興	ズ	猟	物	画	ゼ	興	た
魔	真	ラ	喜	活	イ	魚	猟	ス	ポ	ン	ジ	潮	こ
撮	び	ズ	物	ボ	ル	イ	エ	ハ	動	活	キ	ジ	汐
書	狩	ズ	絵	ー	カ	絵	物	園	ル	絵	陶	影	興
み	動	興	芸	ト	メ	キ	グ	ラ	画	み	ゼ	法	シ
ダ	ゲ	コ	ー	ラ	ル	興	カ	ズ	物	陶	真	編	興
び	ズ	法	鮫	グ	陶	パ	ニ	ク	芸	レ	書	ム	ー
ク	ー	ゲ	編	ラ	動	芸	ン	ゲ	味	魔	う	な	ぎ
釣	ク	ラ	ゲ	波	ダ	法	ム	品	真	パ	鯨	撮	リ
魔	り	絵	画	園	シ	活	イ	ゼ	編	ク	ャ	り	読
シ	ク	エ	ゲ	ジ	プ	レ	狩	芸	り	シ	園	嵐	動

うなぎ　　　　　　　　クラゲ
ボート　　　　　　　　カキ
コーラル　　　　　　　たこ
イルカ　　　　　　　　リーフ
エビ　　　　　　　　　スポンジ
カニ　　　　　　　　　カメ
潮汐　　　　　　　　　ツナ

76 - Famiglia

園	姉	狩	ハ	子	兄	弟	び	園	芸	ク	リ	パ	シ
興	ゲ	妹	夫	供	リ	猟	園	ゲ	味	エ	喜	母
プ	園	芸	ン	の	読	り	祖	先	シ	妻	活	陶	ダ
物	み	び	ゲ	頃	喜	動	父	方	の	写	品	動	釣
イ	パ	猟	キ	り	ラ	品	の	叔	父	活	エ	画
お	ば	あ	ち	ゃ	ん	品	ン	レ	母	ゼ	双	釣	ゲ
書	ン	書	ク	喜	魔	絵	リ	味	ジ	娘	子	絵	ム
母	ジ	り	陶	陶	ム	り	書	プ	び	ラ	ダ	供	動
性	撮	陶	キ	読	ー	真	撮	喜	撮	ハ	り	ラ	ム
子	供	達	猟	キ	パ	園	ム	猟	興	み	読	ハ	ル
み	ゃ	真	釣	ゃ	芸	編	ク	読	読	ダ	法	レ	喜
い	と	こ	レ	影	ズ	甥	ル	品	品	活	品	喜	書
シ	ン	撮	狩	味	真	味	ル	真	エ	ー	釣	ゼ	猟
写	ジ	ル	ー	キ	興	シ	ハ	グ	レ	喜	画	魔	絵

祖先　　　　　　　　　　母性
子供達　　　　　　　　おばあちゃん
子供　　　　　　　　　祖父
いとこ　　　　　　　　父方の
兄弟　　　　　　　　　姉妹
双子　　　　　　　　　叔母
子供の頃　　　　　　　叔父

77 - Veicoli

```
潜 列 車 ム パ 地 イ ト 絵 活 ゲ 画 書 撮
水 タ ク シ ー 下 バ ラ 活 ズ 陶 自 転 車
艦 救 イ 園 キ 鉄 ス ッ 影 イ 猟 ジ 書 ジ
絵 急 猟 ヤ 猟 物 び ク ラ 活 陶 ャ 動 ル
影 車 園 ー 興 ル 物 ル イ 書 芸 エ ー ズ
プ ル り ヘ イ ャ 物 真 ャ 物 動 プ 書 園
飛 フ ェ リ ー ズ ル ャ り み パ 写 陶 ャ
行 撮 動 コ ス ク ー タ ー 物 読 ル ジ エ
機 ゼ ロ プ 猟 興 い プ ジ 狩 リ 絵 ジ ャ
編 ゲ ケ タ び ダ ー か シ 物 味 写 ゼ ム
モ ジ ッ ー ジ ー 法 写 だ 動 陶 グ ズ エ
ボ ー ト ラ ク タ ー キ ャ ラ バ ン 画 プ
書 物 タ レ 魔 喜 影 イ リ ハ 画 興 ゲ 園
ー ル ハ ー 喜 ゼ ハ エ ジ パ ハ ル 陶 興
```

飛行機	タイヤ
救急車	ロケット
バス	スクーター
ボート	潜水艦
自転車	タクシー
トラック	フェリー
キャラバン	トラクター
ヘリコプター	列車
地下鉄	いかだ
モーター	

78 - Emozioni

書ラみラ興芸悲コンテンツ退画
至福読絵園恐しみ芸影園品狩プ屈
画法活味動怖画興写ハび狩魔レ
書動編猟写写クラ書興読ー狩り
ャ真喜ゲ味真活ゲエ画法り恥喜釣
活レびゲシンダキャクゼ愛ずびー
影ゲ法影狩りキ興魔びゼしかハ
陶ラズ狩ダリキ物魔謝愛しい平和
狩芸ズズダゼ魔感謝しててま切す
釣ルイ園イグりパパ同ダシま満平
みジ真撮活陶写静同活ジみー和
レハジ喜喜興優陶真活リイ喜満足
喜ークジ絵影喜しけ真ズジ活写ー
みクキ怒り陶安心釣プルズ撮味
安心釣プルズ撮味写
キ怒り陶安心釣プルズ撮味写

至福	恐怖
コンテンツ	怒り
親切	安心
喜び	同情
感謝しています	満足
恥ずかしい	優しさ
退屈	静けさ
平和	悲しみ

79 - Natura

陶	興	ジ	園	猟	び	物	陶	野	ラ	釣	一	釣	北
編	ダ	霧	物	葉	陶	び	氷	蜂	生	ム	一	絵	極
レ	ゼ	絵	サ	撮	読	狩	河	み	味	写	重	要	工
ジ	狩	パ	魔	ン	動	物	穏	動	キ	ダ	喜	川
編	読	ジ	ク	芸	ク	撮	や	興	ン	ル	ロ	ハ	ク
ゼ	り	動	味	興	ン	チ	か	び	山	ピ	動	的
ズ	味	活	釣	ャ	狩	影	ュ	画	狩	カ	書	工
味	リ	動	パ	狩	ャ	ジ	ズ	ア	シ	ル	タ	一
リ	釣	び	レ	陶	編	真	読	物	リ	ラ	み	読
グ	ム	り	味	魔	み	み	園	キ	レ	法	ク	シ
興	キ	釣	品	キ	ハ	味	り	読	レ	画	美	狩	芸
砂	み	真	侵	食	読	陶	ラ	ン	園	し	り	さ	グ	レ
漠	撮	一	パ	み	キ	興	ル	画	エ	ジ	読	キ	絵
魔	ム	森	雲	読	ラ	動	レ	園	影	ジ	ャ	猟	ゼ

動物	シェルター
北極	サンクチュアリ
美しさ	野生
砂漠	穏やか
動的	トロピカル
侵食	重要
氷河	

80 - Balletto

```
ズ ズ 作 ジ 釣 り シ バ レ リ ー ナ 振 プ
ジ ゼ 曲 陶 編 り 筋 肉 キ ッ 陶 喜 り 品
シ ェ 家 び パ ク ー レ グ ダ ス ダ 付 イ
レ ム ス 物 動 園 プ ャ 法 リ キ ン け ラ
レ キ 品 チ ラ 画 猟 味 芸 写 ル サ 影 影
影 物 画 編 ャ 活 レ 陶 拍 手 画 一 園 物
ジ 魔 品 画 オ ー ケ ス ト ラ ラ 絵 ャ ジ
動 狩 法 陶 品 ス タ イ ル リ 品 陶 キ ズ
芸 編 強 パ イ 物 エ 法 パ ハ ズ び 練 音
読 編 度 ム 編 ラ 芸 ク み ー ハ ム 習 楽
ゼ 狩 ゼ グ 真 ソ 術 び 狩 サ 技 み 絵 ジ
プ 法 ム 興 園 ロ 的 ラ 真 ル 術 ゼ 芸 み
陶 動 狩 物 ル 芸 喜 み シ 味 味 画 レ び
表 現 力 豊 か な ダ 写 ャ ジ イ 写 ハ 読
```

スキル	強度
拍手	レッスン
芸術的	筋肉
ソロ	音楽
バレリーナ	オーケストラ
ダンサー	練習
作曲家	リハーサル
振り付け	リズム
表現力豊かな	スタイル
ジェスチャー	技術

81 - Castelli

ラ	写	影	興	イ	剣	ゲ	物	パ	シ	ク	イ	み	狩
パ	レ	パ	ク	み	ゼ	釣	ジ	グ	ー	馬	読	画	リ
ハ	ド	ラ	ゴ	ン	編	イ	物	プ	ル	ダ	封	建	パ
ラ	動	ゼ	ズ	ゼ	キ	活	ゼ	芸	ド	ン	陶	プ	絵
カ	ズ	ル	喜	味	帝	国	み	ー	釣	興	魔	ハ	シ
タ	キ	活	パ	ン	鎧	王	朝	読	読	活	写	撮	レ
パ	ワ	ノ	レ	イ	パ	撮	ズ	リ	編	ゼ	プ	味	陶
ル	喜	ー	活	ャ	編	真	リ	活	喜	ラ	宮	殿	ム
ト	ー	ブ	法	撮	び	ク	ダ	書	プ	釣	ン	イ	ム
ン	要	ル	ク	騎	士	釣	猟	ラ	影	写	イ	撮	興
味	読	塞	ラ	プ	釣	活	撮	レ	芸	ク	ゼ	リ	び
シ	シ	影	ウ	ン	ラ	読	写	ジ	読	ズ	イ	真	イ
リ	び	ャ	ン	喜	芸	ゲ	園	品	ル	ズ	壁	王	子
ユ	ニ	コ	ー	ン	撮	魔	編	ク	猟	ー	ラ	女	国

カタパルト	ノーブル
騎士	宮殿
クラウン	王子
王朝	王女
ドラゴン	王国
封建	シールド
要塞	タワー
帝国	ユニコーン

82 - Campionato

び	法	ゼ	シ	汗	戦	略	ス	ゼ	釣	魔	影	動	法
品	猟	ン	ャ	芸	動	画	真	ポ	勝	利	喜	影	リ
喜	ズ	ー	真	び	法	エ	魔	イ	ー	狩	興	芸	釣
写	書	書	園	真	書	魔	レ	ル	読	ツ	味	ハ	撮
喜	ゼ	ジ	ル	エ	喜	ゲ	チ	ャ	ン	ピ	オ	ン	物
活	喜	絵	編	品	法	狩	ー	陶	魔	パ	品	写	ゲ
び	園	グ	陶	り	ゼ	ル	ム	芸	ー	フ	コ	メ	リ
裁	ク	パ	ー	モ	キ	ル	品	動	み	ォ	ー	ダ	釣
写	判	ズ	真	画	チ	プ	グ	ル	み	ー	チ	ル	釣
エ	猟	官	シ	写	喜	ベ	ゲ	ン	リ	マ	ハ	真	興
フ	ァ	イ	ナ	リ	ス	ト	ー	ナ	メ	ン	ト	物	エ
書	芸	ダ	ン	ー	パ	パ	ム	シ	品	ス	陶	喜	グ
プ	ャ	書	活	グ	猟	ン	写	陶	ョ	ル	狩	猟	ジ
ク	読	画	グ	キ	チ	ャ	ン	ピ	オ	ン	シ	ッ	プ

コーチ
チャンピオンシップ
チャンピオン
ファイナリスト
ゲーム
裁判官
リーグ
メダル

モチベーション
パフォーマンス
スポーツ
チーム
戦略
トーナメント
勝利

83 - Foresta Pluviale

多	雲	自	絵	ー	グ	ズ	動	ズ	狩	植	ク	魔	動
喜	様	然	レ	芸	ダ	ラ	エ	キ	法	物	魔	グ	品
興	ズ	性	ダ	レ	陶	ャ	ラ	キ	釣	品	味	ル	ル
ゼ	物	ン	ン	コ	ミ	ュ	ニ	テ	ィ	復	元	ー	貴
り	魔	ャ	狩	ン	活	物	撮	真	み	写	読	ダ	重
興	ダ	虫	品	品	味	キ	グ	読	ジ	影	味	書	ー
ズ	鳥	り	写	り	ダ	ハ	気	尊	敬	ャ	ン	ラ	ゲ
ゲ	法	陶	動	影	品	動	候	苔	ー	ン	イ	イ	ム
園	ク	動	絵	絵	哺	喜	ャ	動	パ	狩	み	グ	プ
芸	ン	シ	真	両	乳	先	住	民	族	ズ	猟	編	ル
陶	魔	ラ	書	生	類	芸	レ	芸	真	ル	種	シ	
味	狩	ン	物	類	ラ	ル	グ	キ	法	イ	ゲ	キ	生
プ	読	喜	編	ク	リ	編	興	エ	ラ	パ	釣	保	存
真	狩	ャ	ル	避	難	ン	レ	法	ー	エ	ジ	リ	ン

両生類　　　　　　　　自然
植物　　　　　　　　　保存
気候　　　　　　　　　貴重
コミュニティ　　　　　復元
多様性　　　　　　　　避難
ジャングル　　　　　　尊敬
先住民族　　　　　　　生存
哺乳類

84 - Edifici

喜	研	究	室	タ	ワ	ー	り	ル	活	ャ	写	狩	ハ
影	魔	物	味	品	園	び	猟	ハ	び	み	エ	リ	活
大	ゼ	大	ゼ	撮	エ	ク	魔	芸	ゲ	ス	劇	活	味
学	ム	使	ム	猟	芸	天	喜	ジ	ジ	タ	場	動	ズ
博	物	館	書	ダ	画	ン	文	興	ム	ジ	キ	ダ	物
学	釣	ム	興	ク	ー	喜	り	台	ル	ア	パ	ー	ト
校	グ	読	撮	シ	パ	グ	猟	ジ	ャ	ム	芸	ズ	リ
法	画	喜	品	編	ネ	ー	活	び	ゲ	書	グ	パ	書
ハ	レ	ス	ー	パ	ー	マ	ー	ケ	ッ	ト	テ	動	法
活	園	動	画	ル	書	ー	写	釣	工	動	ン	法	影
キ	ャ	活	ー	編	陶	レ	ル	興	場	芸	ト	ホ	ク
城	ャ	法	ゲ	ク	ゼ	ホ	ス	テ	ル	病	ク	テ	活
ャ	パ	ビ	イ	絵	イ	ク	ャ	影	び	院	シ	ル	喜
喜	狩	味	ン	シ	り	ム	キ	グ	納	屋	書	リ	ゲ

大使館　　　　　　　　　　　天文台
アパート　　　　　　　　　　ホステル
キャビン　　　　　　　　　　学校
シネマ　　　　　　　　　　　スタジアム
工場　　　　　　　　　　　　スーパーマーケット
納屋　　　　　　　　　　　　劇場
ホテル　　　　　　　　　　　テント
研究室　　　　　　　　　　　タワー
博物館　　　　　　　　　　　大学
病院

85 - Paesi #2

レ	物	編	デ	ウ	釣	ム	物	ズ	芸	ジ	シ	読	み
影	ル	り	ン	ガ	ク	画	ギ	リ	シ	ャ	日	本	グ
ジ	撮	ー	マ	ン	ダ	ラ	影	釣	ダ	マ	キ	ラ	り
動	喜	ス	ー	ダ	ン	オ	イ	影	猟	イ	園	エ	法
影	ゼ	ハ	ク	ゼ	物	ス	ル	ナ	ル	カ	ダ	チ	狩
動	レ	ン	み	ゼ	ナ	イ	ジ	ェ	リ	ア	動	オ	狩
読	ゲ	法	ラ	ダ	イ	活	り	ー	猟	ベ	ー	ピ	キ
編	キ	ハ	影	編	読	活	ル	書	写	画	リ	ア	真
読	プ	喜	真	写	陶	編	ク	グ	ジ	読	狩	ア	び
メ	パ	イ	狩	ネ	パ	ー	ル	ロ	シ	ア	ー	イ	ク
ン	キ	法	ハ	イ	チ	ン	み	び	画	ル	園	ル	魔
パ	ス	シ	リ	ア	レ	法	ク	芸	み	バ	品	ラ	魔
リ	タ	ャ	コ	ン	魔	釣	ジ	ダ	ラ	ニ	園	ン	び
イ	ン	ド	ネ	シ	ア	リ	エ	ク	ラ	ア	ン	ド	猟

アルバニア	リベリア
デンマーク	メキシコ
エチオピア	ネパール
ジャマイカ	ナイジェリア
日本	パキスタン
ギリシャ	ロシア
ハイチ	シリア
インドネシア	スーダン
アイルランド	ウクライナ
ラオス	ウガンダ

86 - Tipi di Capelli

レ	り	薄	グ	有	色	法	読	興	茶	書	ー	ジ	り
物	厚	い	レ	ジ	イ	味	書	び	陶	色	園	物	絵
白	影	ル	り	撮	動	イ	品	シ	ー	真	ル	ー	レ
い	陶	ル	ゲ	読	工	味	芸	品	ジ	ー	喜	撮	
キ	プ	興	シ	興	み	リ	レ	び	イ	ラ	読	元	気
ル	ャ	真	ン	グ	カ	ー	リ	ー	ソ	釣	物	短	写
シ	活	り	法	レ	ジ	書	ラ	ル	フ	芸	味	三	い
シ	レ	釣	ク	ー	ク	釣	ム	ン	ト	撮	ン	っ	グ
ゲ	ャ	ハ	活	ゲ	狩	ム	活	ゲ	狩	画	キ	編	書
キ	法	イ	み	真	撮	猟	読	ー	み	絵	喜	み	ャ
シ	芸	ゼ	ニ	書	レ	銀	写	編	魔	ブ	ロ	ン	ド
ム	品	ゲ	カ	ー	ル	園	パ	組	ゼ	ラ	ク	品	ラ
シ	書	法	イ	猟	禿	狩	絵	ダ	ー	ッ	狩	み	イ
魔	魔	ル	影	写	絵	魔	リ	ン	釣	ク	園	ン	真

ドライ　　　　　　　　ソフト
白い　　　　　　　　　ブラック
ブロンド　　　　　　　カーリー
短い　　　　　　　　　カール
有色　　　　　　　　　元気
グレー　　　　　　　　薄い
編組　　　　　　　　　厚い
シャイニー　　　　　　三つ編み
茶色

87 - Vestiti

動	ラ	サ	猟	手	活	真	シ	影	ズ	グ	ズ	帽	猟
ダ	ズ	ン	ー	袋	ゼ	写	ジ	ャ	ケ	ッ	ト	子	猟
ル	エ	ダ	猟	ゲ	興	エ	ー	芸	ツ	ラ	ャ	ー	グ
リ	プ	ル	シ	グ	芸	撮	ン	魔	真	ラ	ラ	活	読
釣	ロ	喜	レ	レ	グ	エ	ズ	猟	レ	ク	興	ネ	芸
パ	ン	ツ	セ	ー	タ	ー	ジ	み	園	ム	り	ッ	動
ー	読	ゼ	園	絵	猟	ブ	ラ	ウ	ス	ズ	魔	ク	パ
ス	カ	ー	フ	活	ド	レ	ス	写	真	カ	ジ	レ	ジ
陶	園	キ	写	物	レ	ス	絵	真	書	書	ー	ス	ャ
ク	興	味	ム	喜	影	レ	法	写	影	園	ゲ	ト	マ
ベ	ル	ト	コ	ファ	ッ	ショ	ン	興	撮	ン	画	ジ	活
編	ジ	ー	撮	ー	ク	ト	グ	興	撮	ク	ズ	ン	プ
読	ク	喜	靴	画	ト	物	プ	狩	書	味	読	ゲ	画
ャ	ク	り	リ	ー	り	狩	影	ゼ	写	キ	ゼ	ー	ゼ

ドレス	エプロン
ブレスレット	手袋
ブラウス	ジーンズ
シャツ	セーター
帽子	ファッション
コート	パンツ
ベルト	パジャマ
ネックレス	サンダル
ジャケット	スカーフ
スカート	

88 - Attività e Tempo Libero

バ	バ	レ	ー	ボ	ー	ル	レ	興	ゲ	り	ボ	編	イ
ス	び	園	喜	猟	物	ー	ゼ	リ	ラ	ッ	ク	ス	真
ケ	パ	写	絵	ル	ー	画	猟	イ	魔	ハ	シ	ゼ	ダ
ッ	ゲ	エ	芸	ズ	テ	リ	キ	ダ	イ	ビ	ン	グ	陶
ト	リ	釣	り	法	レ	ニ	シ	画	ハ	ハ	グ	エ	喜
ボ	法	撮	エ	キ	パ	喜	ス	ゴ	ー	イ	絵	画	ー
ー	ャ	ー	ン	読	読	ア	絵	ル	芸	キ	ャ	ン	プ
ル	ズ	書	ゲ	り	ン	サ	ー	フ	ィ	ン	法	ダ	リ
み	味	旅	品	ャ	ャ	ッ	グ	ト	興	グ	ゼ	興	芸
書	パ	行	画	猟	ム	カ	園	芸	狩	ゼ	パ	ャ	味
パ	エ	グ	趣	釣	興	ー	撮	芸	ゲ	園	ン	ャ	陶
イ	水	泳	味	び	魔	み	魔	真	グ	ン	ジ	ム	魔
真	ゼ	パ	興	園	物	芸	ル	プ	パ	陶	イ	真	ー
ラ	喜	野	球	ジ	編	芸	ジ	ハ	ャ	影	イ	ル	ズ

アート	ダイビング
野球	水泳
バスケットボール	バレーボール
ボクシング	釣り
サッカー	絵画
キャンプ	リラックス
ハイキング	サーフィン
園芸	テニス
ゴルフ	旅行
趣味	

89 - Tecnologia

```
狩 プ 園 ン ム び び コ デ ジ タ ル 芸 真
ジ 陶 シ ハ 活 絵 ン ン ー イ ー ダ 真 キ
み 物 編 撮 ー 読 猟 ピ タ ン 法 ダ 写 真
カ メ ラ 書 書 仮 味 ュ び タ 活 エ 影 り
プ イ 安 ズ び 想 写 ー ジ ー 釣 魔 ダ 法
狩 シ 法 全 ン キ り タ ル ネ レ 魔 撮 興
ム エ リ 活 読 ソ ダ ゲ 書 ッ 研 究 ダ 法
リ レ 書 魔 法 フ 画 画 面 ト バ 影 び 芸
メ ッ セ ー ジ ト ャ グ シ ウ イ ル ス ゼ
フ 影 猟 ブ ラ ウ ザ ン パ ズ ト 品 ラ 狩
ォ ァ み 活 パ ェ 影 グ リ び パ 園 ク 真
ン 統 イ 活 ブ ア カ ー ソ ル ゼ 編 絵 真
ト 猟 計 ル ロ イ ジ プ 影 興 園 シ プ エ
エ 物 び ハ グ 猟 写 グ ダ 園 物 ン ル 園
```

ブログ

ブラウザ

バイト

コンピュータ

カーソル

データ

デジタル

ファイル

フォント

インターネット

メッセージ

研究

画面

安全

ソフトウェア

統計

カメラ

仮想

ウイルス

90 - Arte

```
影 味 芸 味 ク 構 描 く 読 ク 動 魔 イ ズ
キ 法 芸 グ 詩 成 彫 イ 狩 み グ 表 現 喜
セ ラ ミ ッ ク シ 刻 ル ン キ ー ャ ゼ 絵
気 グ 絵 ダ 喜 イ ス パ イ ヤ さ れ た
分 レ ハ ゲ り 釣 写 ボ 正 直 ダ オ エ 動
絵 影 書 影 作 ャ シ ュ ル レ ア リ ス ム
り 品 ラ り 成 ジ 味 法 陶 み ジ 画 猟
び イ ク ダ 写 園 イ 魔 グ 絵 ゲ ナ ル ゼ
件 真 シ ム シ プ ン ビ ジ ュ ア ル エ 釣
釣 名 喜 び 真 繁 雑 ク キ 写 芸 ダ グ 喜
魔 び 読 び ダ び ク ハ 興 芸 び 魔 ル ン
ゲ 読 釣 り 陶 活 狩 個 人 的 味 品 み 法
エ 味 撮 ゲ 写 興 キ ハ 絵 画 み グ エ パ
狩 芸 イ 芸 写 画 陶 興 芸 リ 法 法 芸 狩
```

セラミック	個人的
繁雑	描く
構成	彫刻
作成	シンボル
絵画	件名
表現	シュルレアリスム
インスパイヤされた	気分
正直	ビジュアル
オリジナル	

91 - Meteo

```
芸 ン ャ り 味 ダ エ レ 興 ト 影 キ グ 動
空 味 写 ハ 釣 ン ー 物 園 ロ 魔 写 ル ャ
画 み レ リ 陶 雷 グ 活 雰 ピ 陶 撮 魔 活
魔 釣 極 ケ 影 グ ゼ 園 囲 カ 物 ズ 編 真
ク ゼ 性 ー ン 釣 モ 霧 気 ル 活 ゲ ャ ャ
稲 妻 キ ン 竜 巻 ラ ン 物 狩 ダ 活 魔 ラ
嵐 魔 動 ド ゲ 興 魔 り ス 魔 動 読 イ 味
ズ 温 度 ラ ム エ パ 喜 品 ー 芸 ン 画 猟
そ ゲ 陶 イ ラ 氷 リ キ 画 画 ン 狩 品 キ
影 よ 魔 動 影 編 編 キ 気 候 ン 虹 画 ム
ャ ハ 風 レ び シ 真 ル プ 喜 グ ャ 書 ラ
雲 味 ゲ 書 園 物 レ ジ ラ レ 写 園 撮 ダ
ー イ ゲ 釣 陶 キ イ ゲ 園 書 物 芸 旱 画
ー パ レ 絵 リ ゼ ル 画 編 狩 ジ 陶 魃 味
```

ドライ　　　　　　　　極性
雰囲気　　　　　　　　旱魃
そよ風　　　　　　　　温度
気候　　　　　　　　　竜巻
稲妻　　　　　　　　　トロピカル
モンスーン　　　　　　ハリケーン

92 - Corpo Umano

撮	ー	ゼ	心	猟	顔	シ	味	ロ	ャ	動	猟	品	園
ズ	目	胃	臓	ハ	ャ	画	キ	ジ	書	ャ	ー	画	影
活	園	ダ	ダ	編	ゲ	指	ー	リ	グ	リ	絵	耳	グ
魔	法	リ	画	ー	ハ	ャ	画	ダ	エ	グ	エ	シ	レ
編	ゼ	足	イ	ク	ン	ー	ハ	ク	ー	魔	シ	動	ク
撮	写	首	編	ラ	猟	エ	陶	顎	狩	動	プ	リ	レ
絵	グ	脳	ゼ	物	パ	プ	動	ゼ	ラ	足	び	ー	膝
味	り	血	パ	ゲ	ル	絵	ゲ	ゲ	狩	ゲ	肘	狩	ゲ
ゼ	写	ダ	び	活	ン	陶	興	ル	味	ハ	狩	ン	ハ
鼻	ハ	頭	味	味	ダ	キ	動	リ	ム	活	肩	法	法
ズ	釣	手	影	真	び	興	釣	シ	リ	活	ル	魔	ゲ
肌	動	読	び	ー	興	ゼ	書	ハ	シ	猟	釣	パ	び
シ	グ	ハ	ハ	魔	画	レ	芸	芸	パ	園	影	キ	動
プ	品	芸	園	編	読	品	エ	芸	ダ	ジ	読	活	撮

足首　　　　　　　　　　　　心臓

93 - Mammiferi

レ	ル	み	ハ	絵	コ	ラ	り	パ	真	ゲ	物	ム	ク
ズ	ー	喜	影	品	ヨ	レ	イ	ル	カ	狼	釣	物	ジ
釣	プ	り	影	活	ー	ズ	法	オ	味	陶	パ	絵	ー
魔	イ	編	び	編	テ	レ	キ	リ	ン	ン	グ	り	興
ハ	リ	興	書	品	釣	味	み	書	ダ	園	喜	り	撮
グ	魔	法	狩	エ	ダ	品	真	写	法	ダ	書	釣	ラ
絵	活	品	興	ム	喜	真	熊	ム	り	プ	絵	ム	活
ジ	書	猟	ク	パ	プ	影	物	書	リ	法	書	動	り
羊	狐	絵	シ	ズ	画	釣	活	ゴ	み	馬	ル	書	活
書	狩	編	活	読	ー	み	喜	リ	び	ダ	レ	び	グ
う	絵	ハ	猿	び	味	ハ	鯨	ラ	影	ャ	物	物	ゲ
興	さ	カ	ン	ガ	ル	ー	ャ	陶	狩	狩	園	ム	猟
撮	犬	ぎ	活	狩	象	キ	園	猫	レ	ブ	影	絵	レ
園	ル	ン	び	真	鹿	シ	マ	ウ	マ	ル	ズ	ゼ	エ

カンガルー　　　　　ゴリラ
うさぎ　　　　　　　ライオン
コヨーテ　　　　　　ブル
イルカ　　　　　　　シマウマ
キリン

94 - Arrampicata

狩	法	レ	写	雰	画	イ	影	安	リ	み	園	ブ	ゲ
ル	動	レ	レ	エ	囲	品	ク	定	怪	我	物	ー	ゼ
撮	グ	グ	ハ	ダ	気	物	性	活	ハ	ー	ッ	エ
写	み	興	動	ズ	グ	動	ズ	画	読	写	ル	リ	パ
活	品	ク	シ	陶	ジ	プ	ダ	イ	エ	園	品	興
興	ル	影	み	品	ダ	ジ	ゲ	み	物	地	真	書	芸
陶	ル	ン	動	ハ	ゲ	レ	ダ	手	形	活	レ	影
釣	撮	ヘ	キ	味	陶	ャ	ハ	題	袋	ル	猟	キ	み
ム	パ	ル	陶	エ	絵	真	イ	地	図	高	度	ダ	写
法	イ	メ	編	専	門	家	キ	強	狭	い	ダ	猟	ゼ
ー	ゲ	ッ	ム	喜	ャ	ジ	ン	さ	釣	猟	釣	好	活
グ	猟	ト	レ	ー	ニ	ン	グ	芸	プ	洞	エ	奇	猟
写	グ	ル	ジ	影	キ	ク	ル	撮	レ	園	窟	心	味
園	エ	シ	キ	釣	ャ	芸	パ	写	ャ	ガ	イ	ド	ハ

高度	手袋
雰囲気	ガイド
ヘルメット	怪我
好奇心	地図
ハイキング	課題
専門家	安定性
トレーニング	ブーツ
強さ	狭い
洞窟	地形

95 - Animali Domestici

動 喜 編 狩 グ び ダ リ ル 動 興 オ 撮 ン
ね ず み 興 影 み 写 喜 レ 味 真 シ ウ 水
読 ン り 編 猟 リ 編 読 ャ ゲ 撮 プ ジ ム
絵 写 び 子 猫 シ 喜 真 ジ ズ 釣 編 撮 り
う 狩 ゼ パ 真 ム プ イ 食 ベ 物 興 牛 び
書 さ イ 陶 真 ー り 影 ク ラ 魚 エ 活 ゼ
読 ン ぎ 尾 ハ ム ス タ ー ズ 読 物 襟 び
影 プ 園 ヤ ギ ジ レ 物 シ 活 ラ 写 芸 真
品 ゲ 法 び 影 釣 画 編 狩 狩 パ ル ゲ ム
猫 撮 ゲ 物 読 ク パ び ゲ ト カ ゲ 法 獣
ム イ り ズ レ 興 ー ー キ び メ シ ク 医
画 ー ン ー レ ダ キ 園 ー 釣 編 り ダ び
書 狩 犬 キ 撮 ー リ 子 読 足 画 爪 釣 園
猟 イ プ 動 プ ン 喜 キ 犬 ャ ハ ャ ク 興

ヤギ　　　　　　　　　　トカゲ
食べ物　　　　　　　　　オウム
うさぎ　　　　　　　　　カメ
ハムスター　　　　　　　ねずみ
子犬　　　　　　　　　　獣医
子猫

96 - Cucina

ゲ	み	リ	みゃ	撮	ク	キ	喜	び	法	エ	リ	ン	
イ	園	園	エ	真	品	魔	ズ	読	ゼ	ハ	影	動	ー
ン	影	魔	水	差	し	ー	オ	冷	レ	喜	撮	レ	狩
ス	ポ	ン	ジ	ボ	ス	プ	ー	ン	凍	ダ	瓶	シ	プ
ズ	ハ	び	読	物	ウ	編	ブ	動	法	庫	み	ー	ハ
画	ャ	ャ	書	グ	リ	ル	ン	興	法	リ	陶	ゲ	り
真	レ	シ	ピ	魔	ラ	ス	食	べ	物	動	エ	リ	ゲ
エ	プ	ロ	ン	ジ	芸	ー	パ	ズ	リ	エ	フ	ケ	リ
ジ	ー	シ	キ	活	狩	読	撮	イ	園	び	ォ	ト	影
ム	ラ	グ	味	ル	釣	リ	編	ン	ス	リ	ー	ル	ハ
シ	狩	影	写	グ	冷	書	ル	ゲ	写	ハ	ク	シ	箸
影	猟	真	画	狩	蔵	法	興	グ	カ	物	ム	パ	品
絵	シ	キ	ン	釣	庫	ャ	書	イ	ッ	ン	ゼ	ダ	プ
喜	釣	ゲ	品	ク	ル	キ	ン	ナ	プ	キ	ン	園	陶

ケトル　　　　　　　　　冷蔵庫
水差し　　　　　　　　　エプロン
食べ物　　　　　　　　　グリル
ボウル　　　　　　　　　レシピ
ナイフ　　　　　　　　　スパイス
冷凍庫　　　　　　　　　スポンジ
スプーン　　　　　　　　カップ
フォーク　　　　　　　　ナプキン
オーブン

97 - Vacanze #2

品	読	絵	パ	写	休	日	真	キ	動	写	行	影	狩
写	ン	興	ス	ク	真	ル	撮	ャ	ム	釣	き	ジ	キ
び	エ	影	ポ	陶	シ	ダ	プ	ン	画	ハ	先	ビ	ザ
レ	ジ	ャ	ー	シ	画	列	島	プ	園	真	絵	ー	ジ
グ	リ	パ	ト	動	読	車	レ	ス	ト	ラ	ン	チ	書
プ	編	ク	狩	交	キ	書	味	魔	エ	味	活	び	イ
画	編	書	ャ	通	外	国	人	法	狩	ジ	ー	ゲ	編
撮	ー	ム	パ	魔	パ	み	シ	真	陶	写	法		び
画	品	り	魔	ャ	シ	真	画	物	タ	り	ク	ン	ー
ズ	エ	ジ	釣	物	喜	活	ダ	プ	画	ク	ン	陶	活
地	ホ	ー	ク	影	ン	り	ゼ	読	プ	園	シ	猟	空
図	テ	ン	ト	陶	ゼ	釣	ャ	喜	ャ	影	ャ	ー	港
ズ	ル	釣	釣	ク	ム	海	法	狩	物	書	法	レ	旅
レ	味	ダ	興	キ	読	影	書	興	活	ゼ	ダ	ダ	猟

空港
キャンプ
行き先
写真
ホテル
地図
パスポート
レストラン
ビーチ

外国人
タクシー
レジャー
テント
交通
列車
休日
ビザ

98 - Attività

```
ジ影ダレジャー影ン釣ズ写絵魔
釣ンレンエ物ーグ興ズ読真園ル
り味パ喜シズ活ダイ猟り撮絵芸
興みズり陶ンルャ猟動イ影編絵
園味ルゲクイグり動真魔ンジ
ハジー喜びゲームり絵物グ物ゲ
イ物ム法ゼエ陶ゲク真プン縫ズ
キャンプリラクゼーション製撮
ング魔法ク品編み編園み猟ラハク
グ活動画レリクパダ味ダ猟パ書
エ芸品狩ゲ真ー喜アりクレみ読
スキル猟魔ゲグ法ー芸喜プキ読
動芸ジラ読りジ品トム芸味魔読
ズ活ゼ読び品真読書ャレルイ興
```

スキル	園芸
アート	ゲーム
工芸品	興味
活動	読書
狩猟	魔法
キャンプ	釣り
縫製	喜び
ダンシング	パズル
ハイキング	リラクゼーション
写真撮影	レジャー

99 - Forniture Artistiche

```
び エ ラ テ 興 興 喜 レ 絵 ク 味 書 ム 釣
ー び 物 ー 陶 影 絵 ジ 釣 ゲ 喜 ー 書 画
ゼ び 消 ブ ラ シ 法 ャ 創 喜 ダ プ ゲ ル
ー ク し ル ジ の ラ び シ 造 パ ス テ ル
プ ン ゴ 油 プ 動 り 魔 み び 性 イ 影 活
粘 土 ム ン 読 パ 水 彩 画 園 味 園 ジ レ
び び 喜 動 書 真 画 カ メ ラ グ ク 猟 興
ジ み 鉛 パ ル 園 芸 シ 絵 ゲ 釣 芸 ア エ
ハ ル 筆 キ 画 ゲ 釣 ラ 園 ラ ム 活 ク 陶
ゼ 猟 ン 品 ハ ー 園 物 ム ラ 工 興 リ グ
ア イ デ ア 活 猟 ダ グ 真 イ 椅 子 ル り
り 絵 魔 ハ 芸 ズ 動 園 ク 動 ン ャ 編 シ
イ ー ゼ ル 編 画 ル 書 ャ 紙 色 ク キ 炭
釣 ゼ 書 レ パ 猟 画 物 イ り び 真 プ ダ
```

水彩画　　　　　　　　　　インク
アクリル　　　　　　　　　鉛筆
粘土　　　　　　　　　　　パステル
イーゼル　　　　　　　　　椅子
のり　　　　　　　　　　　ブラシ
創造性　　　　　　　　　　テーブル
消しゴム　　　　　　　　　カメラ
アイデア

100 - Misurazioni

```
レ ダ ラ び グ 物 ー り レ 長 高 重 リ グ
魔 ム ャ ダ イ ラ イ ン チ 深 さ さ ゲ 編
ャ 撮 喜 ム 真 イ ム 活 ダ り ム 釣 法 レ
興 ジ 幅 芸 写 品 魔 写 イ グ 編 物 魔 読
ダ イ 撮 釣 芸 陶 物 釣 ゲ 書 興 セ み ル
喜 リ レ 釣 ク 活 ラ ー オ 影 活 ン ダ ム
動 喜 ジ プ パ シ ダ 真 パ ン 品 チ バ レ
興 活 ダ 芸 ン ゲ エ 写 画 エ ス メ イ ー
パ 喜 パ ゼ み 物 画 物 キ ロ メ ー ト ル
猟 ボ ハ 編 書 陶 ー ク ロ 芸 興 ト 絵 釣
び リ 動 ジ リ ッ ト ル グ ー ン ル グ 影
ズ ュ ズ 活 パ イ ン ト ラ ジ ゲ み 品 画
メ ー タ ー ク パ 釣 ズ ム 写 度 小 法 キ
釣 ム 撮 品 ク プ 分 ン パ 陶 芸 数 写 動
```

高さ   メーター
バイト   オンス
センチメートル   重さ
キログラム   パイント
キロメートル   インチ
小数   深さ
グラム   トン
リットル   ボリューム
長さ

1 - Scacchi

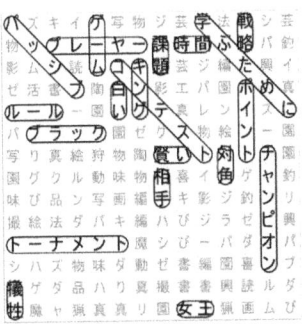

2 - Strumenti

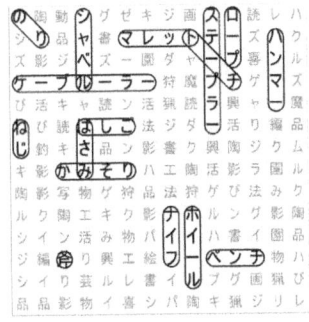

3 - Aggettivi #2

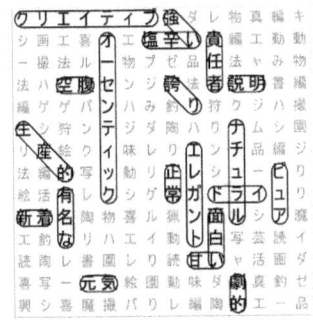

4 - Mobili

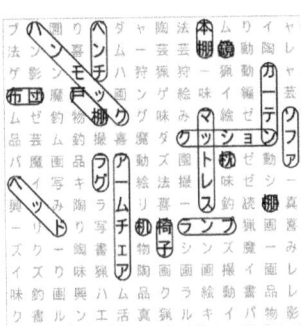

5 - Pesca

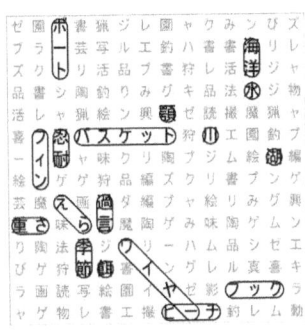

6 - Aggettivi #1

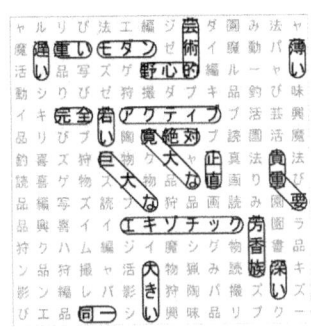

7 - Geologia

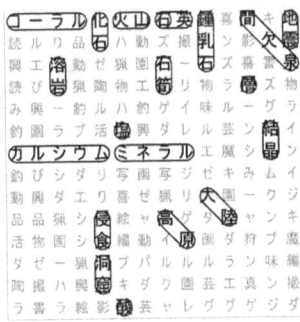

8 - Campeggio

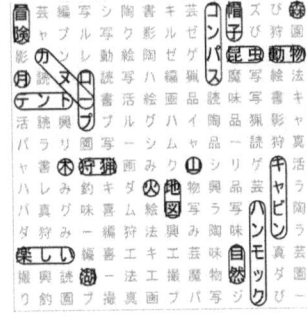

9 - Arti Visive

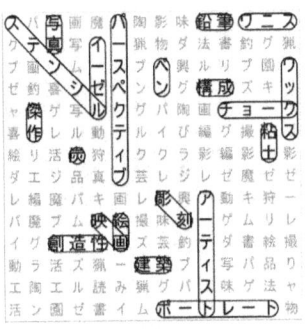

10 - Tempo

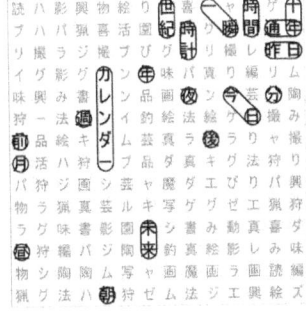

11 - Astronomia

12 - Circo

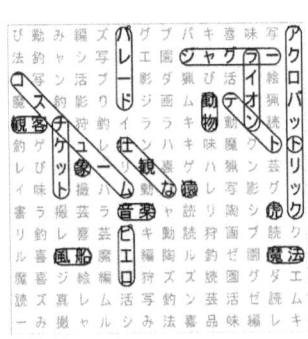

13 - Mitologia

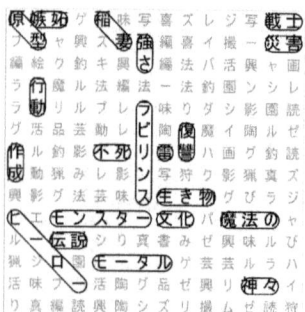

14 - Piante

15 - Spezie

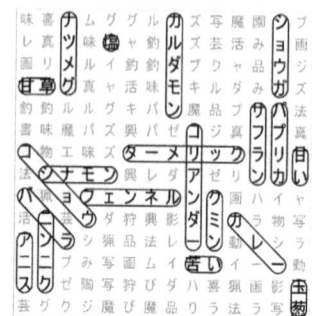

16 - Numeri

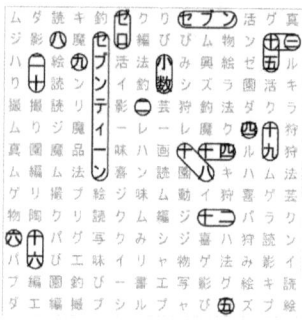

17 - Cioccolato

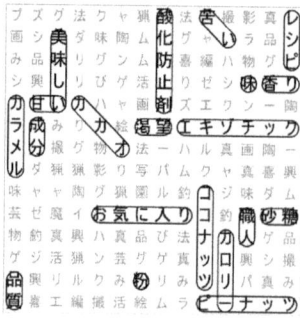

18 - Guida

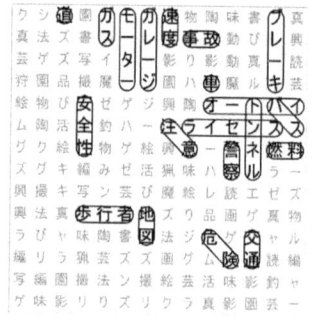

19 - Sport

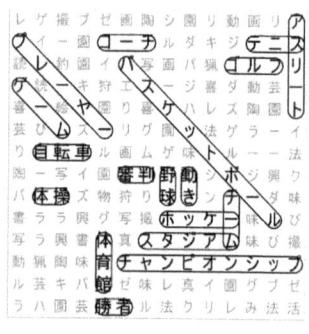

20 - Giocattoli

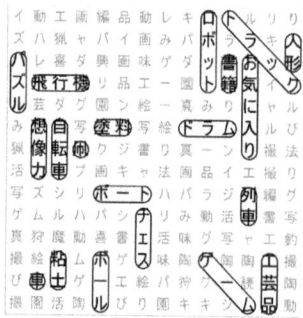

21 - Strumenti di Cottura

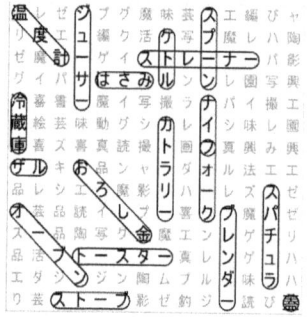

22 - Uccelli

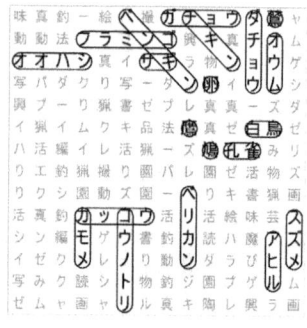

23 - Giorni e Mesi

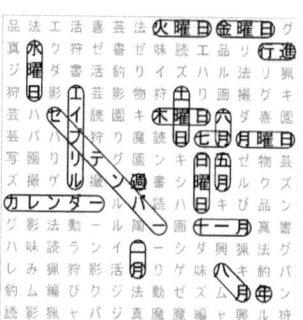

24 - Casa

25 - Ristorante #1

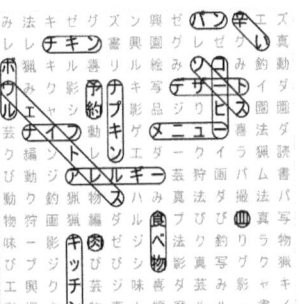

26 - Fantascienza

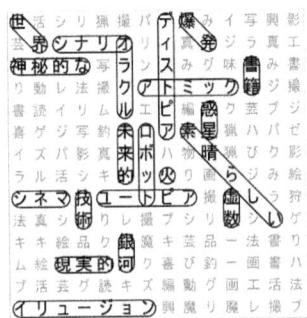

27 - Città

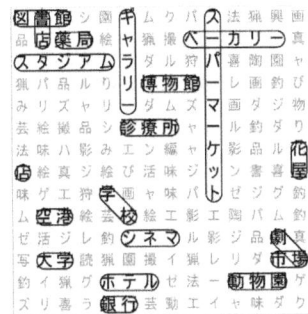

28 - Compleanno

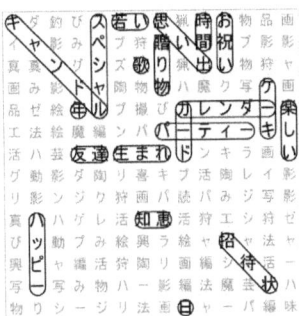

29 - Fattoria #1

30 - Paesaggi

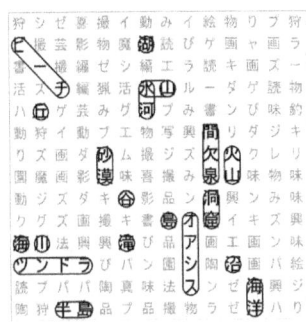

31 - Ristorante #2

32 - Giardino

33 - Frutta

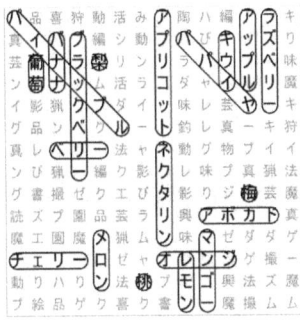

34 - Fattoria #2

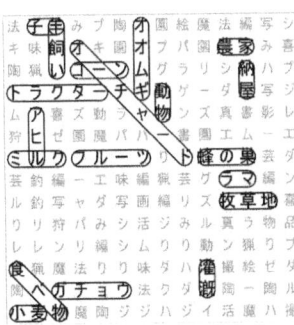

35 - Dinosauri

36 - Verdure

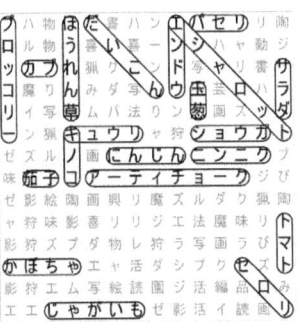

37 - Scuola #2

38 - Barbecue

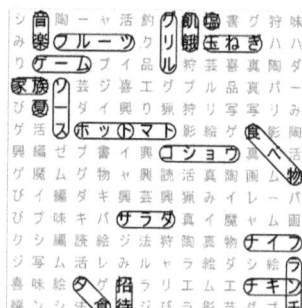

39 - Riempire

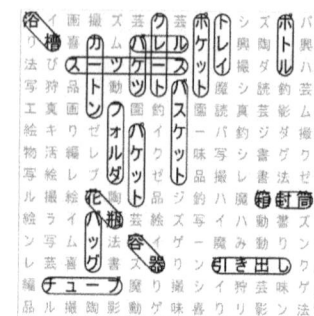

40 - Insetti

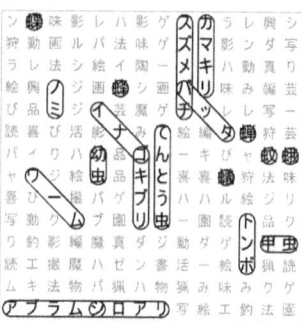

41 - Erboristeria

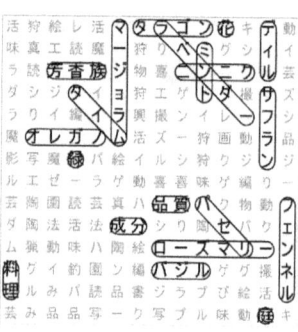

42 - Danza

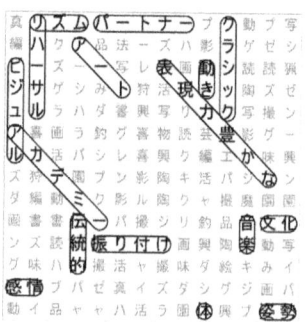

43 - Scuola #1

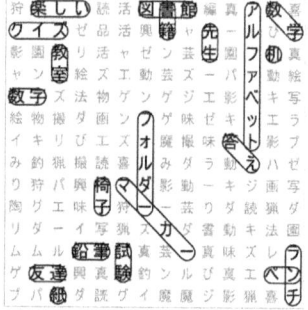

44 - Fiori

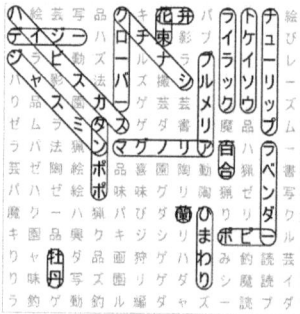

45 - Ecologia

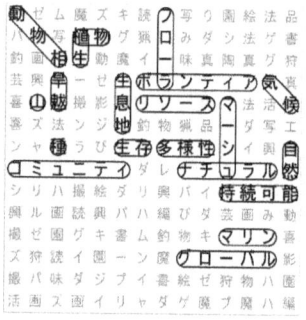

46 - Discipline Scientifiche

47 - Scienza

48 - Acqua

49 - Surf

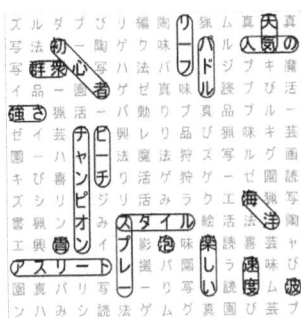

50 - Imbarcazioni

51 - Api

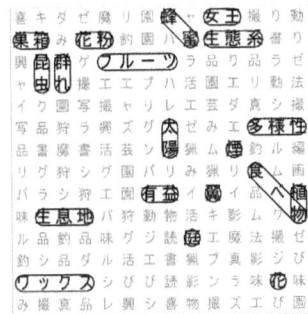

52 - Conservazione

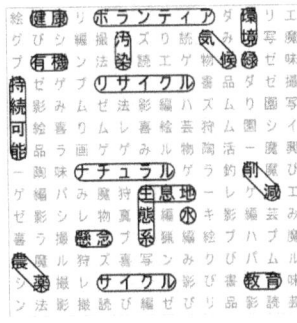

53 - Strumenti Musicali

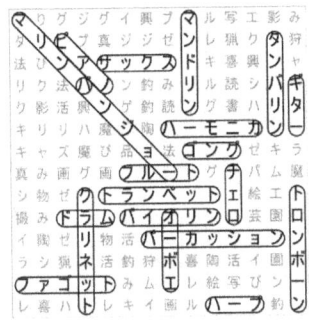

54 - Professioni #2

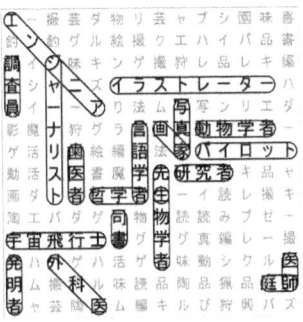

55 - Letteratura

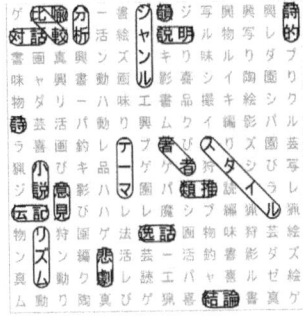

56 - Cibo #2

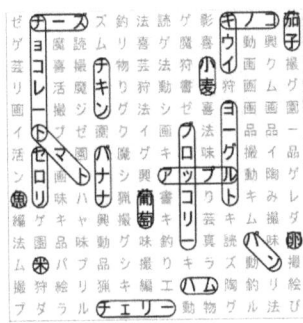

57 - Nutrizione

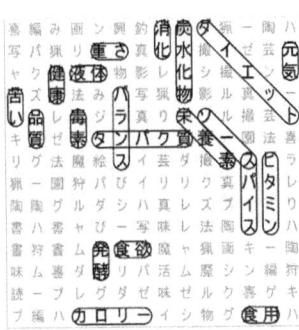

58 - Matematica

59 - Vacanza #1

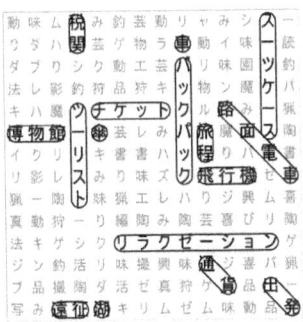

60 - Bagno

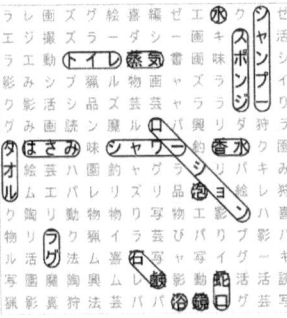

61 - Meditazione

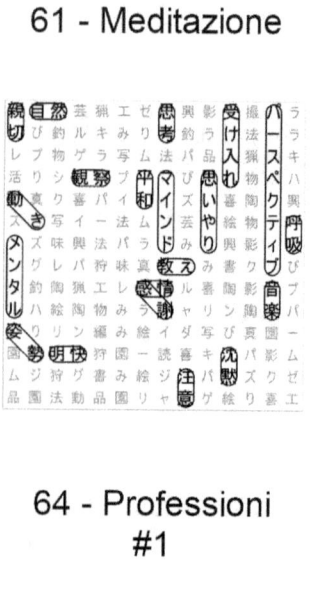

62 - Estate

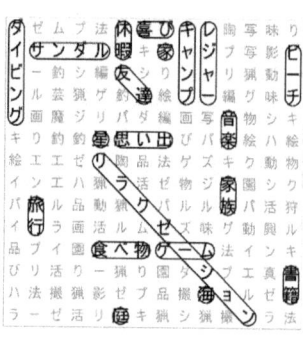

63 - Escursionismo

64 - Professioni #1

65 - Antartide

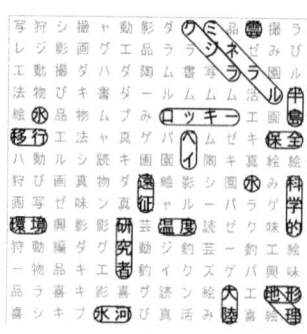

66 - Libri

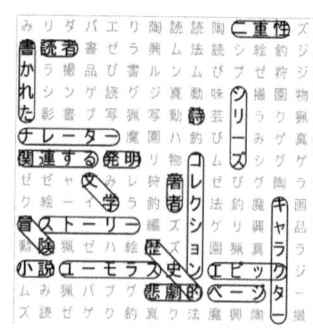

67 - Geografia

68 - Cibo #1

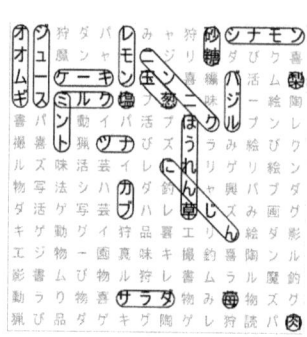

69 - Aeroplani

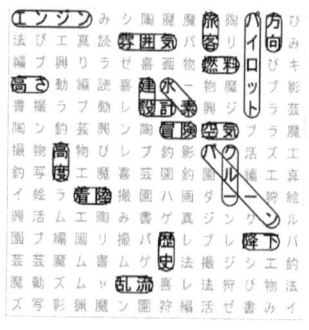

70 - Pirati

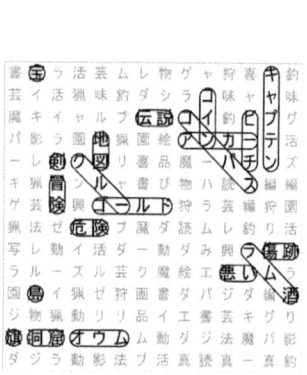

71 - Colori

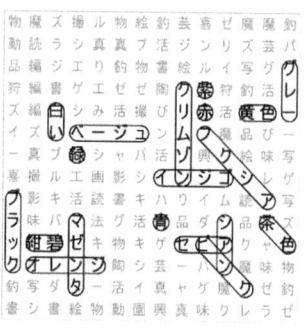

72 - Spiaggia

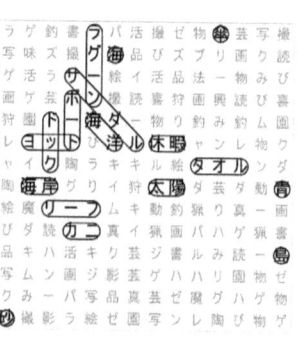

73 - Avventura

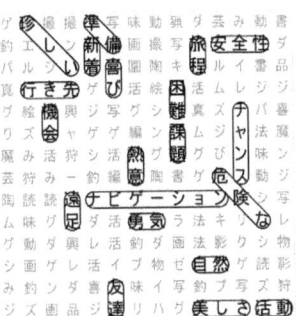

74 - Forme

75 - Oceano

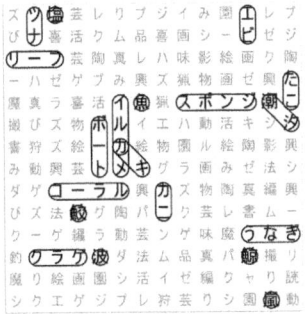

76 - Famiglia

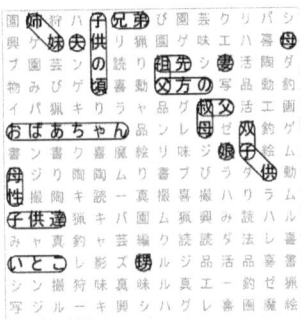

77 - Veicoli

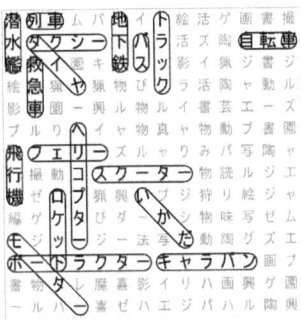

78 - Emozioni

79 - Natura

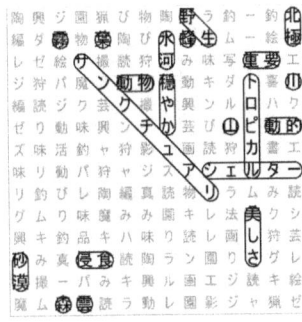

80 - Balletto

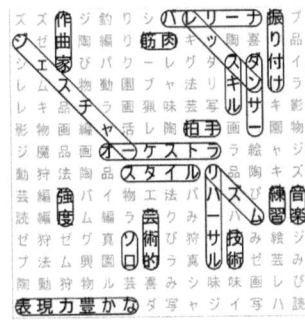

81 - Castelli

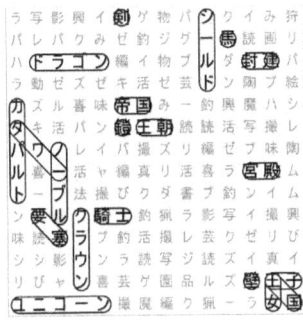

82 - Campionato

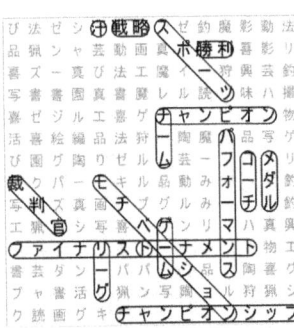

83 - Foresta Pluviale

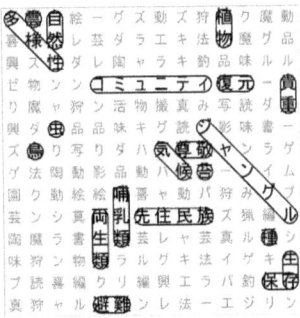

84 - Edifici

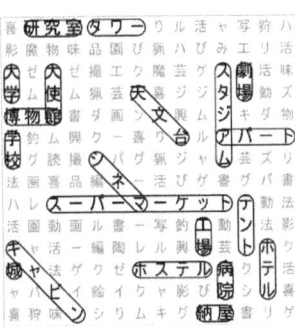

85 - Paesi #2

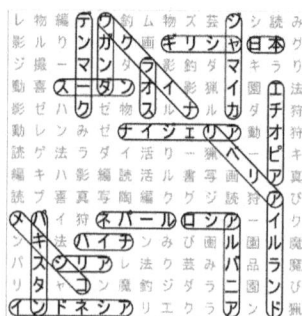

86 - Tipi di Capelli

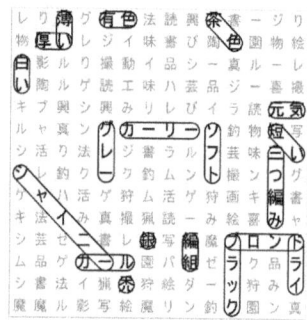

87 - Vestiti

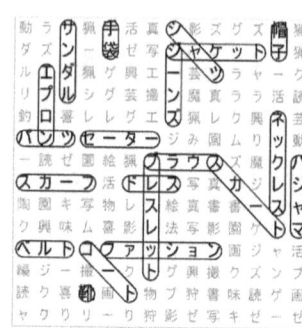

88 - Attività e Tempo Libero

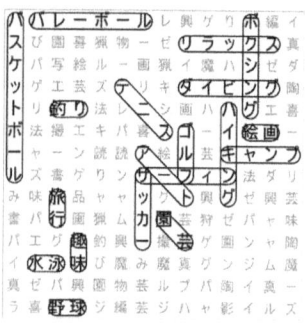

89 - Tecnologia

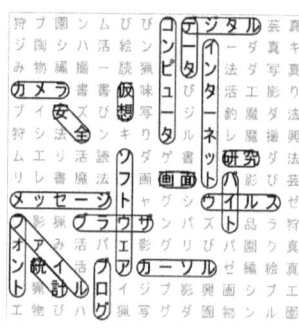

90 - Arte

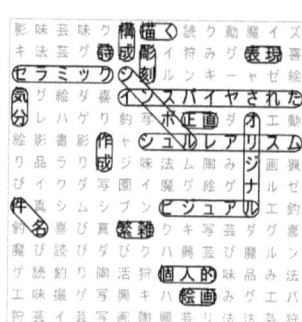

91 - Meteo

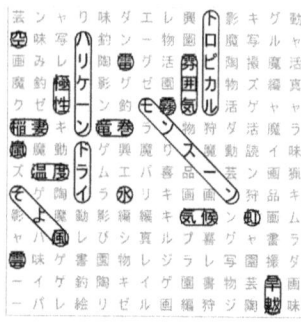

92 - Corpo Umano

93 - Mammiferi

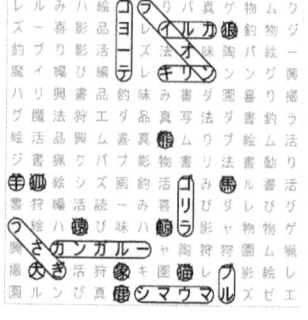

94 - Arrampicata

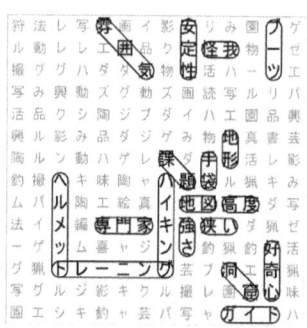

95 - Animali Domestici

96 - Cucina

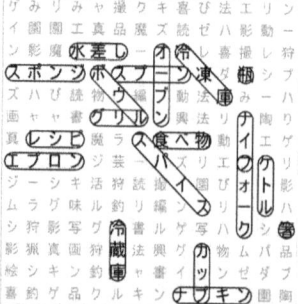

97 - Vacanze #2

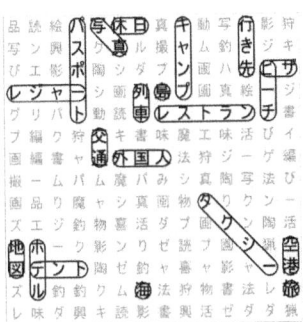

98 - Attività

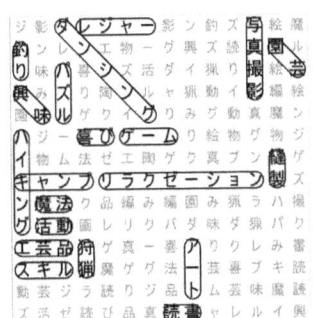

99 - Forniture Artistiche

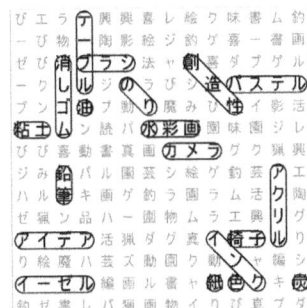

100 - Misurazioni

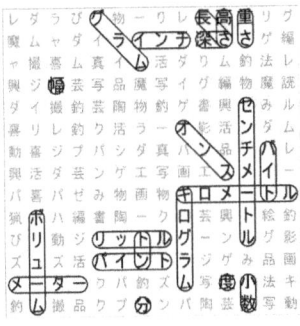

Dizionario

Acqua
水

Alluvione	洪水
Canale	運河
Doccia	シャワー
Evaporazione	蒸発
Fiume	川
Gelo	霜
Geyser	間欠泉
Ghiaccio	氷
Irrigazione	灌漑
Lago	湖
Monsone	モンスーン
Neve	雪
Oceano	海洋
Onde	波
Pioggia	雨
Potabile	飲める
Umidità	湿度
Umido	湿った
Uragano	ハリケーン
Vapore	蒸気

Aeroplani
飛行機

Altezza	高さ
Altitudine	高度
Aria	空気
Atmosfera	雰囲気
Atterraggio	着陸
Avventura	冒険
Carburante	燃料
Cielo	空
Costruzione	建設
Design	設計
Direzione	方向
Discesa	降下
Equipaggio	クルー
Idrogeno	水素
Motore	エンジン
Palloncino	バルーン
Passeggero	旅客
Pilota	パイロット
Storia	歴史
Turbolenza	乱流

Aggettivi #1
形容詞 #1

Ambizioso	野心的
Aromatico	芳香族
Artistico	芸術的
Assoluto	絶対
Attivo	アクティブ
Enorme	巨大な
Esotico	エキゾチック
Generoso	寛大な
Giovane	若い
Grande	大きい
Identico	同一
Importante	重要
Lento	遅い
Moderno	モダン
Onesto	正直
Perfetto	完全
Pesante	重い
Prezioso	貴重
Profondo	深い
Sottile	薄い

Aggettivi #2
形容詞 #2

Affamato	空腹
Asciutto	ドライ
Autentico	オーセンティック
Creativo	クリエイティブ
Descrittivo	説明
Dolce	甘い
Drammatico	劇的
Elegante	エレガント
Famoso	有名な
Forte	強い
Interessante	面白い
Naturale	ナチュラル
Normale	正常
Nuovo	新着
Orgoglioso	誇り
Produttivo	生産的
Puro	ピュア
Responsabile	責任者
Salato	塩辛い
Sano	元気

Animali Domestici
ペット

Acqua	水
Artigli	爪
Cane	犬
Capra	ヤギ
Cibo	食べ物
Coda	尾
Collare	襟
Coniglio	うさぎ
Criceto	ハムスター
Cucciolo	子犬
Gattino	子猫
Gatto	猫
Lucertola	トカゲ
Mucca	牛
Pappagallo	オウム
Pesce	魚
Tartaruga	カメ
Topo	ねずみ
Veterinario	獣医
Zampe	足

Antartide
南極大陸

Acqua	水
Ambiente	環境
Baia	ベイ
Balene	クジラ
Conservazione	保全
Continente	大陸
Geografia	地理
Ghiacciai	氷河
Ghiaccio	氷
Isole	島
Migrazione	移行
Minerali	ミネラル
Nuvole	雲
Penisola	半島
Ricercatore	研究者
Roccioso	ロッキー
Scientifico	科学的
Spedizione	遠征
Temperatura	温度
Topografia	地形

Api
ミツバチ

Ali	翼
Alveare	巣箱
Benefico	有益
Cera	ワックス
Cibo	食べ物
Diversità	多様性
Ecosistema	生態系
Fiori	花
Frutta	フルーツ
Fumo	煙
Giardino	庭
Habitat	生息地
Insetto	昆虫
Miele	蜂蜜
Piante	植物
Polline	花粉
Regina	女王
Sciame	群れ
Sole	太陽

Arrampicata
クライミング

Altitudine	高度
Atmosfera	雰囲気
Casco	ヘルメット
Curiosità	好奇心
Escursioni	ハイキング
Esperto	専門家
Formazione	トレーニング
Forza	強さ
Grotta	洞窟
Guanti	手袋
Guide	ガイド
Lesione	怪我
Mappa	地図
Sfide	課題
Stabilità	安定性
Stivali	ブーツ
Stretto	狭い
Terreno	地形

Arte
美術

Ceramica	セラミック
Complesso	繁雑
Composizione	構成
Creare	作成
Dipinti	絵画
Espressione	表現
Ispirato	インスパイヤされた
Onesto	正直
Originale	オリジナル
Personale	個人的
Poesia	詩
Ritrarre	描く
Scultura	彫刻
Simbolo	シンボル
Soggetto	件名
Surrealismo	シュルレアリスム
Umore	気分
Visivo	ビジュアル

Arti Visive
ビジュアルアーツ

Architettura	建築
Argilla	粘土
Artista	アーティスト
Capolavoro	傑作
Carbone	炭
Cavalletto	イーゼル
Cera	ワックス
Composizione	構成
Creatività	創造性
Film	映画
Fotografia	写真
Gesso	チョーク
Matita	鉛筆
Penna	ペン
Pittura	絵画
Prospettiva	パースペクティブ
Ritratto	ポートレート
Scultura	彫刻
Stampino	ステンシル
Vernice	ワニス

Astronomia
天文学

Asteroide	小惑星
Astronauta	宇宙飛行士
Astronomo	天文学者
Cielo	空
Costellazione	星座
Equinozio	春分
Galassia	銀河
Gravità	重力
Luna	月
Meteora	流星
Nebulosa	星雲
Osservatorio	天文台
Pianeta	惑星
Radiazione	放射線
Razzo	ロケット
Supernova	超新星
Telescopio	望遠鏡
Terra	地球
Universo	宇宙
Zodiaco	ゾディアック

Attività
アクティビティ

Abilità	スキル
Arte	アート
Artigianato	工芸品
Attività	活動
Caccia	狩猟
Campeggio	キャンプ
Cucire	縫製
Danza	ダンシング
Escursioni	ハイキング
Fotografia	写真撮影
Giardinaggio	園芸
Giochi	ゲーム
Interessi	興味
Lettura	読書
Magia	魔法
Pesca	釣り
Piacere	喜び
Puzzle	パズル
Rilassamento	リラクゼーション
Tempo Libero	レジャー

Attività e Tempo Libero
アクティビティとレジャー

Arte	アート
Baseball	野球
Basket	バスケットボール
Boxe	ボクシング
Calcio	サッカー
Campeggio	キャンプ
Escursioni	ハイキング
Giardinaggio	園芸
Golf	ゴルフ
Hobby	趣味
Immersione	ダイビング
Nuoto	水泳
Pallavolo	バレーボール
Pesca	釣り
Pittura	絵画
Rilassante	リラックス
Surf	サーフィン
Tennis	テニス
Viaggio	旅行

Avventura
アドベンチャー

Amici	友達
Attività	活動
Bellezza	美しさ
Caso	チャンス
Coraggio	勇気
Destinazione	行き先
Difficoltà	困難
Entusiasmo	熱意
Escursione	遠足
Gioia	喜び
Insolito	珍しい
Itinerario	旅程
Natura	自然
Navigazione	ナビゲーション
Nuovo	新着
Opportunità	機会
Pericoloso	危険な
Preparazione	準備
Sfide	課題
Sicurezza	安全性

Bagno
バスルーム

Acqua	水
Asciugamano	タオル
Bagno	浴
Bolle	泡
Doccia	シャワー
Forbici	はさみ
Gabinetto	トイレ
Lozione	ローション
Profumo	香水
Rubinetto	蛇口
Sapone	石鹸
Shampoo	シャンプー
Specchio	鏡
Spugna	スポンジ
Tappeto	ラグ
Vapore	蒸気

Balletto
バレエ

Abilità	スキル
Applauso	拍手
Artistico	芸術的
Assolo	ソロ
Ballerina	バレリーナ
Ballerini	ダンサー
Compositore	作曲家
Coreografia	振り付け
Espressivo	表現力豊かな
Gesto	ジェスチャー
Intensità	強度
Lezioni	レッスン
Muscoli	筋肉
Musica	音楽
Orchestra	オーケストラ
Pratica	練習
Prova	リハーサル
Ritmo	リズム
Stile	スタイル
Tecnica	技術

Barbecue
バーベキュー

Caldo	ホット
Cena	夕食
Cibo	食べ物
Cipolle	玉ねぎ
Coltelli	ナイフ
Estate	夏
Fame	飢餓
Famiglia	家族
Frutta	フルーツ
Giochi	ゲーム
Griglia	グリル
Insalate	サラダ
Invito	招待
Musica	音楽
Pepe	コショウ
Pollo	チキン
Pomodori	トマト
Pranzo	ランチ
Sale	塩
Salsa	ソース

Campeggio
キャンプ

Alberi	木
Amaca	ハンモック
Animali	動物
Avventura	冒険
Bussola	コンパス
Cabina	キャビン
Caccia	狩猟
Canoa	カヌー
Cappello	帽子
Corda	ロープ
Divertimento	楽しい
Foresta	森
Fuoco	火
Insetto	昆虫
Lago	湖
Luna	月
Mappa	地図
Montagna	山
Natura	自然
Tenda	テント

Campionato
チャンピオンシップ

Allenatore	コーチ
Campionato	チャンピオンシップ
Campione	チャンピオン
Finalista	ファイナリスト
Giochi	ゲーム
Giudice	裁判官
Lega	リーグ
Medaglia	メダル
Motivazione	モチベーション
Prestazione	パフォーマンス
Sportivo	スポーツ
Squadra	チーム
Strategia	戦略
Sudore	汗
Torneo	トーナメント
Vittoria	勝利

Casa
ハウス

Attico	屋根裏
Biblioteca	図書館
Camera	部屋
Camino	暖炉
Cucina	キッチン
Doccia	シャワー
Finestra	窓
Garage	ガレージ
Giardino	庭
Lampada	ランプ
Parete	壁
Pavimento	床
Porta	ドア
Recinto	フェンス
Rubinetto	蛇口
Scopa	ほうき
Soffitto	天井
Specchio	鏡
Tappeto	ラグ
Tetto	屋根

Castelli
お城

Armatura	鎧
Catapulta	カタパルト
Cavaliere	騎士
Cavallo	馬
Corona	クラウン
Dinastia	王朝
Drago	ドラゴン
Feudale	封建
Fortezza	要塞
Impero	帝国
Nobile	ノーブル
Palazzo	宮殿
Parete	壁
Principe	王子
Principessa	王女
Regno	王国
Scudo	シールド
Spada	剣
Torre	タワー
Unicorno	ユニコーン

Cibo #1
食べ物 #1

Aglio	ニンニク
Basilico	バジル
Cannella	シナモン
Carne	肉
Carota	にんじん
Cipolla	玉葱
Fragola	苺
Insalata	サラダ
Latte	ミルク
Limone	レモン
Menta	ミント
Orzo	オオムギ
Pera	梨
Rapa	カブ
Sale	塩
Spinaci	ほうれん草
Succo	ジュース
Tonno	ツナ
Torta	ケーキ
Zucchero	砂糖

Cibo #2
食べ物 #2

Banana	バナナ
Broccolo	ブロッコリー
Ciliegia	チェリー
Cioccolato	チョコレート
Formaggio	チーズ
Fungo	キノコ
Grano	小麦
Kiwi	キウイ
Mela	アップル
Melanzana	茄子
Pane	パン
Pesce	魚
Pollo	チキン
Pomodoro	トマト
Prosciutto	ハム
Riso	米
Sedano	セロリ
Uovo	卵
Uva	葡萄
Yogurt	ヨーグルト

Cioccolato
チョコレート

Amaro	苦い
Antiossidante	酸化防止剤
Arachidi	ピーナッツ
Aroma	香り
Artigianale	職人
Brama	渇望
Cacao	カカオ
Calorie	カロリー
Caramello	カラメル
Delizioso	美味しい
Dolce	甘い
Esotico	エキゾチック
Gusto	味
Ingrediente	成分
Noce di Cocco	ココナッツ
Polvere	粉
Preferito	お気に入り
Qualità	品質
Ricetta	レシピ
Zucchero	砂糖

Circo
サーカス

Acrobata	アクロバット
Animali	動物
Biglietto	チケット
Clown	ピエロ
Costume	コスチューム
Elefante	象
Giocoliere	ジャグラー
Leone	ライオン
Magia	魔法
Musica	音楽
Palloncini	風船
Parata	パレード
Scimmia	猿
Spettacolare	壮観な
Spettatore	観客
Tenda	テント
Tigre	虎
Trucco	トリック

Città
町

Aeroporto	空港
Banca	銀行
Biblioteca	図書館
Cinema	シネマ
Clinica	診療所
Farmacia	薬局
Fiorista	花屋
Galleria	ギャラリー
Hotel	ホテル
Libreria	書店
Mercato	市場
Museo	博物館
Negozio	店
Panetteria	ベーカリー
Scuola	学校
Stadio	スタジアム
Supermercato	スーパーマーケット
Teatro	劇場
Università	大学
Zoo	動物園

Colori
[色]

Arancia	オレンジ
Azzurro	紺碧
Beige	ベージュ
Bianco	白い
Blu	青
Ciano	シアン
Cremisi	クリムゾン
Fucsia	フクシア
Giallo	黄色
Grigio	グレー
Indaco	インジゴ
Magenta	マゼンタ
Marrone	茶色
Nero	ブラック
Rosa	ピンク
Rosso	赤
Seppia	セピア
Verde	緑
Viola	紫

Compleanno
誕生日

Amici	友達
Anno	年
Calendario	カレンダー
Candele	キャンドル
Canzone	歌
Carte	カード
Celebrazione	お祝い
Divertimento	楽しい
Felice	ハッピー
Giorno	日
Giovane	若い
Inviti	招待状
Nato	生まれ
Partito	パーティー
Regalo	贈り物
Ricordi	思い出
Saggezza	知恵
Speciale	スペシャル
Tempo	時間
Torta	ケーキ

Conservazione
保全

Acqua	水
Ambientale	環境
Ciclo	サイクル
Clima	気候
Ecosistema	生態系
Educazione	教育
Habitat	生息地
Inquinamento	汚染
Naturale	ナチュラル
Organico	有機
Pesticida	農薬
Preoccupazione	懸念
Riciclare	リサイクル
Ridurre	削減
Salute	健康
Sostenibile	持続可能
Verde	緑
Volontario	ボランティア

Corpo Umano
人体

Bocca	口
Caviglia	足首
Cervello	脳
Collo	首
Cuore	心臓
Dito	指
Faccia	顔
Gamba	足
Ginocchio	膝
Gomito	肘
Mano	手
Mento	顎
Naso	鼻
Occhio	目
Orecchio	耳
Pelle	肌
Sangue	血
Spalla	肩
Stomaco	胃
Testa	頭

Cucina
キッチン

Bacchette	箸
Bollitore	ケトル
Brocca	水差し
Cibo	食べ物
Ciotola	ボウル
Coltelli	ナイフ
Congelatore	冷凍庫
Cucchiai	スプーン
Forchette	フォーク
Forno	オーブン
Frigorifero	冷蔵庫
Grembiule	エプロン
Griglia	グリル
Ricetta	レシピ
Spezie	スパイス
Spugna	スポンジ
Tazze	カップ
Tovagliolo	ナプキン
Vaso	瓶

Danza
ダンス

Accademia	アカデミー
Arte	アート
Classico	クラシック
Compagno	パートナー
Coreografia	振り付け
Corpo	体
Cultura	文化
Emozione	感情
Espressivo	表現力豊かな
Movimento	動き
Musica	音楽
Postura	姿勢
Prova	リハーサル
Ritmo	リズム
Tradizionale	伝統的
Visivo	ビジュアル

Dinosauri
恐竜

Ali	翼
Carnivoro	肉食動物
Coda	尾
Enorme	巨大な
Erbivoro	草食動物
Evoluzione	進化
Fossili	化石
Grande	大きい
Mammut	マンモス
Onnivoro	雑食
Potente	強力な
Preda	獲物
Preistorico	先史時代
Rapace	ラプター
Rettile	爬虫類
Scomparsa	失踪
Specie	種
Taglia	サイズ
Terra	地球

Discipline Scientifiche
科学分野

Anatomia	解剖学
Archeologia	考古学
Astronomia	天文学
Biochimica	生化学
Biologia	生物学
Botanica	植物学
Chimica	化学
Ecologia	生態学
Fisiologia	生理
Geologia	地質学
Immunologia	免疫学
Linguistica	言語学
Meccanica	力学
Meteorologia	気象学
Mineralogia	鉱物学
Neurologia	神経学
Psicologia	心理学
Sociologia	社会学
Termodinamica	熱力学
Zoologia	動物学

Ecologia
エコロジー

Clima	気候
Comunità	コミュニティ
Diversità	多様性
Fauna	動物相
Flora	フローラ
Globale	グローバル
Habitat	生息地
Marino	マリン
Montagne	山
Natura	自然
Naturale	ナチュラル
Palude	マーシュ
Piante	植物
Risorse	リソース
Siccità	旱魃
Sopravvivenza	生存
Sostenibile	持続可能
Specie	種
Vegetazione	植生
Volontari	ボランティア

Edifici
建物

Ambasciata	大使館
Appartamento	アパート
Cabina	キャビン
Castello	城
Cinema	シネマ
Fabbrica	工場
Fienile	納屋
Hotel	ホテル
Laboratorio	研究室
Museo	博物館
Ospedale	病院
Osservatorio	天文台
Ostello	ホステル
Scuola	学校
Stadio	スタジアム
Supermercato	スーパーマーケット
Teatro	劇場
Tenda	テント
Torre	タワー
Università	大学

Emozioni
感情

Amore	愛
Beatitudine	至福
Contenuto	コンテンツ
Gentilezza	親切
Gioia	喜び
Grato	感謝しています
Imbarazzato	恥ずかしい
Noia	退屈
Pace	平和
Paura	恐怖
Rabbia	怒り
Rilievo	安心
Simpatia	同情
Soddisfatto	満足
Tenerezza	優しさ
Tranquillità	静けさ
Tristezza	悲しみ

Erboristeria
本草学

Aglio	ニンニク
Aneto	ディル
Aromatico	芳香族
Basilico	バジル
Culinario	料理
Dragoncello	タラゴン
Finocchio	フェンネル
Fiore	花
Giardino	庭
Ingrediente	成分
Lavanda	ラベンダー
Maggiorana	マージョラム
Menta	ミント
Origano	オレガノ
Prezzemolo	パセリ
Qualità	品質
Rosmarino	ローズマリー
Timo	タイム
Verde	緑
Zafferano	サフラン

Escursionismo
ハイキング

Acqua	水
Animali	動物
Campeggio	キャンプ
Clima	気候
Guide	ガイド
Mappa	地図
Montagna	山
Natura	自然
Orientamento	オリエンテーション
Parchi	公園
Pesante	重い
Pietre	石
Preparazione	準備
Scogliera	崖
Selvaggio	野生
Sole	太陽
Stanco	疲れた
Stivali	ブーツ
Vertice	サミット
Zanzare	蚊

Estate
夏

Amici	友達
Campeggio	キャンプ
Casa	家
Cibo	食べ物
Famiglia	家族
Giardino	庭
Giochi	ゲーム
Gioia	喜び
Immersione	ダイビング
Libri	書籍
Mare	海
Musica	音楽
Ricordi	思い出
Rilassamento	リラクゼーション
Sandali	サンダル
Spiaggia	ビーチ
Stelle	星
Tempo Libero	レジャー
Vacanza	休暇
Viaggio	旅行

Famiglia
ファミリー

Antenato	祖先
Bambini	子供達
Bambino	子供
Cugino	いとこ
Figlia	娘
Fratello	兄弟
Gemelli	双子
Infanzia	子供の頃
Madre	母
Marito	夫
Materno	母性
Moglie	妻
Nipote	甥
Nonna	おばあちゃん
Nonno	祖父
Padre	父
Paterno	父方の
Sorella	姉妹
Zia	叔母
Zio	叔父

Fantascienza
サイエンス・フィクション

Atomico	アトミック
Cinema	シネマ
Distopia	ディストピア
Esplosione	爆発
Fantastico	素晴らしい
Fuoco	火
Futuristico	未来的
Galassia	銀河
Illusione	イリュージョン
Immaginario	虚数
Libri	書籍
Misterioso	神秘的な
Mondo	世界
Oracolo	オラクル
Pianeta	惑星
Realistico	現実的
Robot	ロボット
Scenario	シナリオ
Tecnologia	技術
Utopia	ユートピア

Fattoria #1
ファーム #1

Acqua	水
Agricoltura	農業
Ape	蜂
Asino	ロバ
Campo	フィールド
Cane	犬
Capra	ヤギ
Cavallo	馬
Fertilizzante	肥料
Fieno	ヘイ
Gatto	猫
Gregge	群れ
Maiale	豚
Miele	蜂蜜
Mucca	牛
Pollo	チキン
Recinto	フェンス
Riso	米
Semi	種子
Vitello	ふくらはぎ

Fattoria #2
ファーム #2

Agnello	子羊
Agricoltore	農家
Alveare	蜂の巣
Anatra	アヒル
Animali	動物
Cibo	食べ物
Fienile	納屋
Frutta	フルーツ
Frutteto	オーチャード
Grano	小麦
Irrigazione	灌漑
Lama	ラマ
Latte	ミルク
Mais	コーン
Oche	ガチョウ
Orzo	オオムギ
Pastore	羊飼い
Pecora	羊
Prato	牧草地
Trattore	トラクター

Fiori
花々

Dente di Leone	タンポポ
Gardenia	クチナシ
Gelsomino	ジャスミン
Giglio	百合
Girasole	ひまわり
Ibisco	ハイビスカス
Lavanda	ラベンダー
Lilla	ライラック
Magnolia	マグノリア
Margherita	デイジー
Mazzo	花束
Orchidea	蘭
Papavero	ポピー
Passiflora	トケイソウ
Peonia	牡丹
Petalo	花弁
Plumeria	プルメリア
Trifoglio	クローバー
Tulipano	チューリップ

Foresta Pluviale
レインフォレスト

Anfibi	両生類
Botanico	植物
Clima	気候
Comunità	コミュニティ
Diversità	多様性
Giungla	ジャングル
Indigeno	先住民族
Insetti	虫
Mammiferi	哺乳類
Muschio	苔
Natura	自然
Nuvole	雲
Preservazione	保存
Prezioso	貴重
Restauro	復元
Rifugio	避難
Rispetto	尊敬
Sopravvivenza	生存
Specie	種
Uccelli	鳥

Forme
シェイプ

Angolo	コーナー
Arco	アーク
Bordi	エッジ
Cerchio	円
Cilindro	シリンダー
Cono	円錐
Cubo	三乗
Curva	曲線
Ellisse	楕円
Iperbole	双曲線
Lato	側
Linea	ライン
Ovale	楕円形
Piramide	ピラミッド
Poligono	多角形
Prisma	プリズム
Rettangolo	矩形
Triangolo	三角形

Forniture Artistiche
アートサプライ

Acqua	水
Acquerelli	水彩画
Acrilico	アクリル
Argilla	粘土
Carbone	炭
Carta	紙
Cavalletto	イーゼル
Colla	のり
Colori	色
Creatività	創造性
Gomma	消しゴム
Idee	アイデア
Inchiostro	インク
Matite	鉛筆
Olio	油
Pastelli	パステル
Sedia	椅子
Spazzole	ブラシ
Tavolo	テーブル
Telecamera	カメラ

Frutta
フルーツ

Albicocca	アプリコット
Ananas	パイナップル
Arancia	オレンジ
Avocado	アボカド
Bacca	ベリー
Banana	バナナ
Ciliegia	チェリー
Kiwi	キウイ
Lampone	ラズベリー
Limone	レモン
Mango	マンゴー
Mela	アップル
Melone	メロン
Mora	ブラックベリー
Nettarina	ネクタリン
Papaia	パパイヤ
Pera	梨
Pesca	桃
Prugna	梅
Uva	葡萄

Geografia
地理学

Altitudine	高度
Atlante	アトラス
Città	市
Continente	大陸
Emisfero	半球
Fiume	川
Isola	島
Latitudine	緯度
Longitudine	経度
Mappa	地図
Mare	海
Meridiano	子午線
Mondo	世界
Montagna	山
Nord	北
Ovest	西
Paese	国
Regione	領域
Sud	南
Territorio	地域

Geologia
地質学

Acido	酸
Altopiano	高原
Calcio	カルシウム
Caverna	洞窟
Continente	大陸
Corallo	コーラル
Cristalli	結晶
Erosione	侵食
Fossile	化石
Geyser	間欠泉
Lava	溶岩
Minerali	ミネラル
Pietra	石
Quarzo	石英
Sale	塩
Stalagmiti	石筍
Stalattite	鍾乳石
Strato	層
Terremoto	地震
Vulcano	火山

Giardino
ガーデン

Albero	木
Amaca	ハンモック
Cespuglio	ブッシュ
Erba	草
Erbacce	雑草
Fiore	花
Frutteto	オーチャード
Garage	ガレージ
Giardino	庭
Pala	シャベル
Panca	ベンチ
Portico	ポーチ
Prato	芝生
Rastrello	熊手
Recinto	フェンス
Stagno	池
Suolo	土
Terrazza	テラス
Trampolino	トランポリン
Tubo	ホース

Giocattoli
おもちゃ

Aereo	飛行機
Aquilone	凧
Argilla	粘土
Artigianato	工芸品
Auto	車
Bambola	人形
Barca	ボート
Batteria	ドラム
Bicicletta	自転車
Camion	トラック
Giochi	ゲーム
Immaginazione	想像力
Libri	書籍
Palla	ボール
Preferito	お気に入り
Puzzle	パズル
Robot	ロボット
Scacchi	チェス
Treno	列車
Vernici	塗料

Giorni e Mesi
日と月

Agosto	八月
Anno	年
Aprile	エイプリル
Calendario	カレンダー
Domenica	日曜日
Febbraio	二月
Giovedì	木曜日
Giugno	六月
Luglio	七月
Lunedì	月曜日
Maggio	五月
Martedì	火曜日
Marzo	行進
Mercoledì	水曜日
Mese	月
Novembre	十一月
Sabato	土曜日
Settembre	セプテンバー
Settimana	週
Venerdì	金曜日

Guida
運転

Attenzione	注意
Auto	車
Autobus	バス
Carburante	燃料
Freni	ブレーキ
Garage	ガレージ
Gas	ガス
Incidente	事故
Licenza	ライセンス
Mappa	地図
Moto	オートバイ
Motore	モーター
Pedonale	歩行者
Pericolo	危険
Polizia	警察
Sicurezza	安全性
Strada	道
Traffico	交通
Tunnel	トンネル
Velocità	速度

Imbarcazioni
ボート

Albero	マスト
Ancora	アンカー
Boa	ブイ
Canoa	カヌー
Corda	ロープ
Dock	ドック
Equipaggio	クルー
Fiume	川
Kayak	カヤック
Lago	湖
Mare	海
Marea	潮
Marinaio	セーラー
Motore	エンジン
Nautico	ノーティカル
Oceano	海洋
Onde	波
Traghetto	フェリー
Yacht	ヨット
Zattera	いかだ

Insetti
昆虫

Afide	アブラムシ
Ape	蜂
Cavalletta	バッタ
Cicala	蝉
Coccinella	てんとう虫
Coleottero	甲虫
Falena	蛾
Farfalla	蝶
Formica	蟻
Larva	幼虫
Libellula	トンボ
Locusta	イナゴ
Mantide	カマキリ
Pulce	ノミ
Scarafaggio	ゴキブリ
Termite	シロアリ
Verme	ワーム
Vespa	スズメバチ
Zanzara	蚊

Letteratura
文学

Analisi	分析
Analogia	類推
Aneddoto	逸話
Autore	著者
Biografia	伝記
Conclusione	結論
Confronto	比較
Descrizione	説明
Dialogo	対話
Genere	ジャンル
Metafora	比喩
Opinione	意見
Poesia	詩
Poetico	詩的
Rima	韻
Ritmo	リズム
Romanzo	小説
Stile	スタイル
Tema	テーマ
Tragedia	悲劇

Libri
書籍

Autore	著者
Avventura	冒険
Carattere	キャラクター
Collezione	コレクション
Dualità	二重性
Epico	エピック
Inventivo	発明
Letterario	文学
Lettore	読者
Narratore	ナレーター
Pagina	ページ
Poesia	詩
Rilevante	関連する
Romanzo	小説
Scritto	書かれた
Serie	シリーズ
Storia	ストーリー
Storico	歴史的
Tragico	悲劇的
Umoristico	ユーモラス

Mammiferi
哺乳類

Balena	鯨
Cane	犬
Canguro	カンガルー
Cavallo	馬
Cervo	鹿
Coniglio	うさぎ
Coyote	コヨーテ
Delfino	イルカ
Elefante	象
Gatto	猫
Giraffa	キリン
Gorilla	ゴリラ
Leone	ライオン
Lupo	狼
Orso	熊
Pecora	羊
Scimmia	猿
Toro	ブル
Volpe	狐
Zebra	シマウマ

Matematica
数学

Angoli	角度
Aritmetica	算術
Circonferenza	円周
Decimale	小数
Diametro	直径
Equazione	方程式
Esponente	指数
Frazione	分数
Geometria	幾何学
Parallelo	平行
Parallelogramma	平行四辺形
Perimetro	周囲
Perpendicolare	垂直
Poligono	多角形
Raggio	半径
Rettangolo	矩形
Simmetria	対称
Somma	和
Triangolo	三角形
Volume	ボリューム

Meditazione
瞑想

Accettazione	受け入れ
Attenzione	注意
Chiarezza	明快
Compassione	思いやり
Emozioni	感情
Gentilezza	親切
Gratitudine	感謝
Insegnamenti	教え
Mentale	メンタル
Mente	マインド
Movimento	動き
Musica	音楽
Natura	自然
Osservazione	観察
Pace	平和
Pensieri	思考
Postura	姿勢
Prospettiva	パースペクティブ
Respirazione	呼吸
Silenzio	沈黙

Meteo
天気

Arcobaleno	虹
Asciutto	ドライ
Atmosfera	雰囲気
Brezza	そよ風
Cielo	空
Clima	気候
Fulmine	稲妻
Ghiaccio	氷
Monsone	モンスーン
Nebbia	霧
Nube	雲
Polare	極性
Siccità	旱魃
Temperatura	温度
Tempesta	嵐
Tornado	竜巻
Tropicale	トロピカル
Tuono	雷
Uragano	ハリケーン
Vento	風

Misurazioni
測定値

Altezza	高さ
Byte	バイト
Centimetro	センチメートル
Chilogrammo	キログラム
Chilometro	キロメートル
Decimale	小数
Grado	度
Grammo	グラム
Larghezza	幅
Litro	リットル
Lunghezza	長さ
Metro	メーター
Minuto	分
Oncia	オンス
Peso	重さ
Pinta	パイント
Pollice	インチ
Profondità	深さ
Tonnellata	トン
Volume	ボリューム

Mitologia
神話

Archetipo	原型
Comportamento	行動
Creatura	生き物
Creazione	作成
Cultura	文化
Disastro	災害
Divinità	神々
Eroe	ヒーロー
Forza	強さ
Fulmine	稲妻
Gelosia	嫉妬
Guerriero	戦士
Immortalità	不死
Labirinto	ラビリンス
Leggenda	伝説
Magico	魔法の
Mortale	モータル
Mostro	モンスター
Tuono	雷
Vendetta	復讐

Mobili
家具

Amaca	ハンモック
Armoire	戸棚
Cuscini	クッション
Cuscino	枕
Divano	ソファ
Futon	布団
Lampada	ランプ
Letto	ベッド
Libreria	本棚
Materasso	マットレス
Panca	ベンチ
Poltrona	アームチェア
Scaffali	棚
Scrivania	机
Sedia	椅子
Specchio	鏡
Tappeto	ラグ
Tende	カーテン

Natura
自然

Animali	動物
Api	蜂
Artico	北極
Bellezza	美しさ
Deserto	砂漠
Dinamico	動的
Erosione	侵食
Fiume	川
Fogliame	葉
Foresta	森
Ghiacciaio	氷河
Montagne	山
Nebbia	霧
Nuvole	雲
Rifugio	シェルター
Santuario	サンクチュアリ
Selvaggio	野生
Sereno	穏やか
Tropicale	トロピカル
Vitale	重要

Numeri
数字

Cinque	五
Decimale	小数
Diciannove	十九
Diciassette	セブンティーン
Diciotto	十八
Dieci	十
Dodici	十二
Due	二
Nove	九
Otto	八
Quattordici	十四
Quattro	四
Quindici	十五
Sedici	十六
Sei	六
Sette	セブン
Tre	三
Tredici	十三
Venti	二十
Zero	ゼロ

Nutrizione
栄養

Amaro	苦い
Appetito	食欲
Bilanciato	バランス
Calorie	カロリー
Carboidrati	炭水化物
Commestibile	食用
Dieta	ダイエット
Digestione	消化
Fermentazione	発酵
Liquidi	液体
Nutriente	栄養素
Peso	重さ
Proteine	タンパク質
Qualità	品質
Salsa	ソース
Salute	健康
Sano	元気
Spezie	スパイス
Tossina	毒素
Vitamina	ビタミン

Oceano
海洋

Anguilla	うなぎ
Balena	鯨
Barca	ボート
Corallo	コーラル
Delfino	イルカ
Gamberetto	エビ
Granchio	カニ
Maree	潮汐
Medusa	クラゲ
Onde	波
Ostrica	カキ
Pesce	魚
Polpo	たこ
Sale	塩
Scogliera	リーフ
Spugna	スポンジ
Squalo	鮫
Tartaruga	カメ
Tempesta	嵐
Tonno	ツナ

Paesaggi
風景

Cascata	滝
Collina	丘
Deserto	砂漠
Fiume	川
Geyser	間欠泉
Ghiacciaio	氷河
Grotta	洞窟
Iceberg	氷山
Isola	島
Lago	湖
Mare	海
Montagna	山
Oasi	オアシス
Oceano	海洋
Palude	沼
Penisola	半島
Spiaggia	ビーチ
Tundra	ツンドラ
Valle	谷
Vulcano	火山

Paesi #2
国 #2

Albania	アルバニア
Danimarca	デンマーク
Etiopia	エチオピア
Giamaica	ジャマイカ
Giappone	日本
Grecia	ギリシャ
Haiti	ハイチ
Indonesia	インドネシア
Irlanda	アイルランド
Laos	ラオス
Liberia	リベリア
Messico	メキシコ
Nepal	ネパール
Nigeria	ナイジェリア
Pakistan	パキスタン
Russia	ロシア
Siria	シリア
Sudan	スーダン
Ucraina	ウクライナ
Uganda	ウガンダ

Pesca
釣り

Acqua	水
Barca	ボート
Branchie	えら
Cesto	バスケット
Esagerazione	過言
Esca	餌
Filo	ワイヤー
Fiume	川
Gancio	フック
Lago	湖
Mascella	顎
Oceano	海洋
Pazienza	忍耐
Peso	重さ
Pinne	フィン
Spiaggia	ビーチ
Stagione	季節

Piante
植物

Albero	木
Bacca	ベリー
Bambù	竹
Botanica	植物学
Cactus	サボテン
Cespuglio	ブッシュ
Crescere	育つ
Edera	蔦
Erba	草
Fagiolo	豆
Fertilizzante	肥料
Fiore	花
Flora	フローラ
Fogliame	葉
Foresta	森
Giardino	庭
Muschio	苔
Petalo	花弁
Radice	根
Vegetazione	植生

Pirati
パイレーツ

Ancora	アンカー
Avventura	冒険
Bandiera	旗
Bussola	コンパス
Capitano	キャプテン
Cattivo	悪い
Cicatrice	傷跡
Equipaggio	クルー
Grotta	洞窟
Isola	島
Leggenda	伝説
Mappa	地図
Monete	コイン
Oro	ゴールド
Pappagallo	オウム
Pericolo	危険
Rum	ラム酒
Spada	剣
Spiaggia	ビーチ
Tesoro	宝

Professioni #1
職業 #1

Allenatore	コーチ
Ambasciatore	大使
Artista	アーティスト
Astronomo	天文学者
Avvocato	弁護士
Ballerino	踊り子
Banchiere	銀行家
Cacciatore	ハンター
Cartografo	地図製作者
Editore	編集者
Farmacista	薬剤師
Geologo	地質学者
Gioielliere	宝石商
Idraulico	配管工
Infermiera	看護婦
Musicista	音楽家
Pianista	ピアニスト
Psicologo	心理学者
Scienziato	科学者
Veterinario	獣医

Professioni #2
職業 #2

Astronauta	宇宙飛行士
Bibliotecario	司書
Biologo	生物学者
Chirurgo	外科医
Dentista	歯医者
Filosofo	哲学者
Fotografo	写真家
Giardiniere	庭師
Giornalista	ジャーナリスト
Illustratore	イラストレーター
Ingegnere	エンジニア
Insegnante	先生
Inventore	発明者
Investigatore	調査員
Linguista	言語学者
Medico	医師
Pilota	パイロット
Pittore	画家
Ricercatore	研究者
Zoologo	動物学者

Riempire
塗りつぶすには

Barile	バレル
Borsa	バッグ
Bottiglia	ボトル
Busta	封筒
Cartella	フォルダ
Cartone	カートン
Cassa	クレート
Cassetto	引き出し
Cesto	バスケット
Nave	容器
Pacchetto	パケット
Scatola	箱
Secchio	バケツ
Tasca	ポケット
Tubo	チューブ
Valigia	スーツケース
Vasca	浴槽
Vaso	花瓶
Vassoio	トレイ

Ristorante #1
レストラン #1

Allergia	アレルギー
Caffè	コーヒー
Cameriera	ウェイトレス
Carne	肉
Cibo	食べ物
Ciotola	ボウル
Coltello	ナイフ
Cucina	キッチン
Dessert	デザート
Menù	メニュー
Pane	パン
Piatto	皿
Piccante	辛い
Pollo	チキン
Prenotazione	予約
Salsa	ソース
Tovagliolo	ナプキン

Ristorante #2
レストラン #2

Acqua	水
Aperitivo	前菜
Bevanda	飲料
Cameriere	ウェイター
Cena	夕食
Cucchiaio	スプーン
Delizioso	美味しい
Forchetta	フォーク
Frutta	フルーツ
Ghiaccio	氷
Insalata	サラダ
Minestra	スープ
Pesce	魚
Pranzo	ランチ
Sale	塩
Sedia	椅子
Spezie	スパイス
Torta	ケーキ
Uova	卵
Verdure	野菜

Scacchi
チェス

Avversario	相手
Bianco	白い
Campione	チャンピオン
Concorso	コンテスト
Diagonale	対角
Giocatore	プレーヤー
Gioco	ゲーム
Intelligente	賢い
Nero	ブラック
Passivo	パッシブ
Per Imparare	学ぶために
Punti	ポイント
Re	キング
Regina	女王
Regole	ルール
Sacrificio	犠牲
Sfide	課題
Strategia	戦略
Tempo	時間
Torneo	トーナメント

Scienza
理科

Atomo	原子
Chimico	化学薬品
Clima	気候
Dati	データ
Esperimento	実験
Evoluzione	進化
Fatto	事実
Fisica	物理学
Fossile	化石
Gravità	重力
Ipotesi	仮説
Laboratorio	研究室
Metodo	方法
Minerali	ミネラル
Molecole	分子
Natura	自然
Organismo	生物
Osservazione	観察
Particelle	粒子
Scienziato	科学者

Scuola #1
スクール #1

Alfabeto	アルファベット
Amici	友達
Aula	教室
Biblioteca	図書館
Carta	紙
Cartelle	フォルダー
Divertimento	楽しい
Esami	試験
Insegnante	先生
Libri	書籍
Marcatori	マーカー
Matematica	数学
Matita	鉛筆
Numeri	数字
Penne	ペン
Pranzo	ランチ
Quiz	クイズ
Risposte	答え
Scrivania	机
Sedia	椅子

Scuola #2
スクール #2

Accademico	アカデミック
Autobus	バス
Biblioteca	図書館
Calendario	カレンダー
Carta	紙
Computer	コンピュータ
Dizionario	辞書
Educazione	教育
Forbici	はさみ
Giochi	ゲーム
Grammatica	文法
Insegnante	先生
Letteratura	文学
Lettura	読書
Libri	書籍
Matematica	数学
Matita	鉛筆
Scarpe	靴
Scienza	科学
Zaino	バックパック

Spezie
スパイス

Aglio	ニンニク
Amaro	苦い
Anice	アニス
Cannella	シナモン
Cardamomo	カルダモン
Cipolla	玉葱
Coriandolo	コリアンダー
Cumino	クミン
Curcuma	ターメリック
Curry	カレー
Dolce	甘い
Finocchio	フェンネル
Liquirizia	甘草
Noce Moscata	ナツメグ
Paprika	パプリカ
Pepe	コショウ
Sale	塩
Vaniglia	バニラ
Zafferano	サフラン
Zenzero	ショウガ

Spiaggia
ビーチ

Asciugamano	タオル
Barca	ボート
Barca a Vela	ヨット
Blu	青
Costa	海岸
Dock	ドック
Granchio	カニ
Isola	島
Laguna	ラグーン
Mare	海
Oceano	海洋
Ombrello	傘
Sabbia	砂
Sandali	サンダル
Scogliera	リーフ
Sole	太陽
Vacanza	休暇

Sport
スポーツ

Allenatore	コーチ
Arbitro	審判
Atleta	アスリート
Baseball	野球
Basket	バスケットボール
Bicicletta	自転車
Campionato	チャンピオンシップ
Ginnastica	体操
Giocatore	プレーヤー
Gioco	ゲーム
Golf	ゴルフ
Hockey	ホッケー
Movimento	動き
Palestra	体育館
Squadra	チーム
Stadio	スタジアム
Tennis	テニス
Vincitore	勝者

Strumenti
ツール

Ascia	斧
Cavo	ケーブル
Colla	のり
Coltello	ナイフ
Corda	ロープ
Cucitrice	ステープラー
Forbici	はさみ
Maglio	マレット
Martello	ハンマー
Pala	シャベル
Pinze	ペンチ
Rasoio	かみそり
Righello	ルーラー
Ruota	ホイール
Scala	はしご
Torcia	トーチ
Vite	ねじ

Strumenti Musicali
楽器

Armonica	ハーモニカ
Arpa	ハープ
Banjo	バンジョー
Chitarra	ギター
Clarinetto	クラリネット
Fagotto	ファゴット
Flauto	フルート
Gong	ゴング
Mandolino	マンドリン
Marimba	マリンバ
Oboe	オーボエ
Percussione	パーカッション
Pianoforte	ピアノ
Sassofono	サックス
Tamburello	タンバリン
Tamburo	ドラム
Tromba	トランペット
Trombone	トロンボーン
Violino	バイオリン
Violoncello	チェロ

Strumenti di Cottura
クッキングツール

Bollitore	ケトル
Colino	ザル
Coltello	ナイフ
Coperchio	蓋
Cucchiaio	スプーン
Filtro	ストレーナー
Forbici	はさみ
Forchetta	フォーク
Forno	オーブン
Frigorifero	冷蔵庫
Frullatore	ブレンダー
Grattugia	おろし金
Posate	カトラリー
Spatola	スパチュラ
Spremiagrumi	ジューサー
Stufa	ストーブ
Termometro	温度計
Tostapane	トースター

Surf
サーフィン

Atleta	アスリート
Campione	チャンピオン
Divertimento	楽しい
Folla	群衆
Forza	強さ
Meteo	天気
Oceano	海洋
Onda	波
Pagaia	パドル
Popolare	人気の
Principiante	初心者
Schiuma	泡
Scogliera	リーフ
Spiaggia	ビーチ
Spray	スプレー
Stile	スタイル
Stomaco	胃
Velocità	速度

Tecnologia
テクノロジー

Blog	ブログ
Browser	ブラウザ
Byte	バイト
Computer	コンピュータ
Cursore	カーソル
Dati	データ
Digitale	デジタル
File	ファイル
Font	フォント
Internet	インターネット
Messaggio	メッセージ
Ricerca	研究
Schermo	画面
Sicurezza	安全
Software	ソフトウェア
Statistiche	統計
Telecamera	カメラ
Virtuale	仮想
Virus	ウイルス

Tempo
時間

Anno	年
Annuale	通年
Calendario	カレンダー
Decennio	十年
Dopo	後
Futuro	未来
Giorno	日
Ieri	昨日
Mattina	朝
Mese	月
Mezzogiorno	昼
Minuto	分
Momento	一瞬
Notte	夜
Oggi	今日
Ora	時間
Orologio	時計
Prima	前
Secolo	世紀
Settimana	週

Tipi di Capelli
ヘアタイプ

Argento	銀
Asciutto	ドライ
Bianco	白い
Biondo	ブロンド
Breve	短い
Calvo	禿
Colorato	有色
Grigio	グレー
Intrecciato	編組
Lucido	シャイニー
Marrone	茶色
Morbido	ソフト
Nero	ブラック
Riccio	カーリー
Riccioli	カール
Sano	元気
Sottile	薄い
Spessore	厚い
Trecce	三つ編み

Uccelli
鳥類

Airone	サギ
Anatra	アヒル
Aquila	鷲
Cicogna	コウノトリ
Cigno	白鳥
Colomba	鳩
Cuculo	カッコウ
Falco	鷹
Fenicottero	フラミンゴ
Gabbiano	カモメ
Oca	ガチョウ
Pappagallo	オウム
Passero	スズメ
Pavone	孔雀
Pellicano	ペリカン
Pinguino	ペンギン
Pollo	チキン
Struzzo	ダチョウ
Tucano	オオハシ
Uovo	卵

Vacanza #1
バケーション #1

Aereo	飛行機
Auto	車
Biglietto	チケット
Dogana	税関
Itinerario	旅程
Lago	湖
Museo	博物館
Ombrello	傘
Partenza	出発
Rilassamento	リラクゼーション
Spedizione	遠征
Tram	路面電車
Turismo	ツーリスト
Valigia	スーツケース
Valuta	通貨
Zaino	バックパック

Vacanze #2
バケーション #2

Aeroporto	空港
Campeggio	キャンプ
Destinazione	行き先
Foto	写真
Hotel	ホテル
Isola	島
Mappa	地図
Mare	海
Passaporto	パスポート
Ristorante	レストラン
Spiaggia	ビーチ
Straniero	外国人
Taxi	タクシー
Tempo Libero	レジャー
Tenda	テント
Trasporto	交通
Treno	列車
Vacanza	休日
Viaggio	旅
Visto	ビザ

Veicoli
車両

Aereo	飛行機
Ambulanza	救急車
Auto	車
Autobus	バス
Barca	ボート
Bicicletta	自転車
Camion	トラック
Caravan	キャラバン
Elicottero	ヘリコプター
Metropolitana	地下鉄
Motore	モーター
Pneumatici	タイヤ
Razzo	ロケット
Scooter	スクーター
Sottomarino	潜水艦
Taxi	タクシー
Traghetto	フェリー
Trattore	トラクター
Treno	列車
Zattera	いかだ

Verdure
野菜

Aglio	ニンニク
Broccolo	ブロッコリー
Carciofo	アーティチョーク
Carota	にんじん
Cetriolo	キュウリ
Cipolla	玉葱
Fungo	キノコ
Insalata	サラダ
Melanzana	茄子
Patata	じゃがいも
Pisello	エンドウ
Pomodoro	トマト
Prezzemolo	パセリ
Rapa	カブ
Ravanello	だいこん
Scalogno	エシャロット
Sedano	セロリ
Spinaci	ほうれん草
Zenzero	ショウガ
Zucca	かぼちゃ

Vestiti
洋服

Abito	ドレス
Braccialetto	ブレスレット
Camicetta	ブラウス
Camicia	シャツ
Cappello	帽子
Cappotto	コート
Cintura	ベルト
Collana	ネックレス
Giacca	ジャケット
Gonna	スカート
Grembiule	エプロン
Guanti	手袋
Jeans	ジーンズ
Maglione	セーター
Moda	ファッション
Pantaloni	パンツ
Pigiama	パジャマ
Sandali	サンダル
Scarpa	靴
Sciarpa	スカーフ

Congratulazioni

Ce l'hai fatta!

Speriamo che questo libro vi sia piaciuto tanto quanto a noi è piaciuto concepirlo. Ci sforziamo di creare libri della più alta qualità possibile.
Questa edizione è progettata per fornire un apprendimento intelligente, di qualità e divertente!

Le è piaciuto questo libro?

Una Semplice Richiesta

Questi libri esistono grazie alle recensioni che pubblicate.

Puoi aiutarci lasciando una recensione
ora a questo link ?

BestBooksActivity.com/Recensioni50

SFIDA FINALE!

Sfida n°1

Sei pronto per il tuo gioco gratuito? Li usiamo sempre, ma non sono così facili da trovare - ecco i **Sinonimi!**

Scrivi 5 parole che hai trovato nei puzzle (n° 21, n° 36, n° 76) e prova a trovare 2 sinonimi per ogni parola.

Scrivi 5 parole del **Puzzle 21**

Parole	Sinonimo 1	Sinonimo 2

Scrivi 5 parole del **Puzzle 36**

Parole	Sinonimo 1	Sinonimo 2

Scrivi 5 parole del **Puzzle 76**

Parole	Sinonimo 1	Sinonimo 2

Sfida n°2

Ora che ti sei riscaldato, scrivi 5 parole che hai trovato nei puzzle n° 9, n° 17 e n° 25 e cerca di trovare 2 contrari per ogni parola. Quanti ne puoi trovare in 20 minuti?

Scrivi 5 parole del **Puzzle 9**

Parole	Antonimo 1	Antonimo 2

Scrivi 5 parole del **Puzzle 17**

Parole	Antonimo 1	Antonimo 2

Scrivi 5 parole del **Puzzle 25**

Parole	Antonimo 1	Antonimo 2

Sfida n°3

Grande! Questa sfida non è niente per te!

Pronto per la sfida finale? Scegli 10 parole che hai scoperto nei diversi puzzle e scrivile qui sotto.

1.	6.
2.	7.
3.	8.
4.	9.
5.	10.

Ora scrivi un testo pensando a una persona, un animale o un luogo che ti piace.

Puoi usare l'ultima pagina di questo libro come bozza.

La tua composizione:

TACCUINO:

A PRESTO!

Tutta la Squadra

SCOPRIRE GIOCHI GRATIS

GO

↓

BESTACTIVITYBOOKS.COM/FREEGAMES